JFK
Le dernier jour

François Forestier

JFK
Le dernier jour

Albin Michel

FOUQUIER-TINVILLE : Qui vous inspira tant de haine ?

CHARLOTTE CORDAY : Je n'avais pas besoin de la haine des autres, j'avais assez de la mienne.

Procès de Charlotte Corday,
17 juillet 1793.

Avant tout

Je n'ai rien à prouver, rien à démontrer, rien à discuter, aucun couteau à affûter, nul argument à effiler, personne à convaincre. JFK est enterré sous des milliers de livres, des tonnes de papier. Il a été tué par la CIA. Non, il a été assassiné par le FBI. Non, il a été buté par le chauffeur de sa voiture. Non, c'est Lee Harvey Oswald, tout seul, qui lui a explosé la tête. Non, c'est le complexe militaro-industriel. Non, c'est un truand nommé James Files, actuellement en prison, qui a donné le coup de grâce. Non, c'est l'un des gardes du corps, forcément. Non, c'est un espion soviétique rusé. Non, c'est un fanatique d'extrême droite dévoyé. Non, c'est un Noir trotskiste, avec un pied bot et une balafre sur la joue. Vous n'y êtes pas : c'est le valet de pied qui a appuyé sur la gâchette.

Depuis cinquante ans, les théories se chevauchent, les preuves s'accumulent, les dossiers s'entassent, le complot se complique, le brouillard s'épaissit. De Jean Aase, un ami de Jack Ruby, à Rufus Youngblood, le garde du corps de Lyndon B. Johnson, la liste comprend mille six cents acteurs. Personne n'aurait donc parlé ? C'est que la vérité est ailleurs, toujours ailleurs.

John Fitzgerald Kennedy a été assassiné pour les péchés de l'Amérique. Il a raté la baie des Cochons, mis le feu au Vietnam, placé Fidel Castro sur la liste des hommes à abattre, cocufié sa femme, osé favoriser l'intégration des Noirs, humilié le parrain Carlos Marcello, baissé la garde devant les Soviétiques. Pire que tout : il n'était pas intéressé par l'argent – il en avait plein. À Dallas, le 22 novembre 1963, il a littéralement été crucifié. Mais, après sa mort, JFK n'a pas été sanctifié ni même béatifié. Son âme n'était pas assez javellisée, son cœur pas assez blanc.

Voici, pas à pas, le récit des derniers moments de John Fitzgerald Kennedy, de son arrivée à Dallas à son enterrement à Washington.

PROLOGUE

De sang et d'os

Il y a du sang partout.

Sur le dossier de la banquette, sur la veste de Jackie, sur ses jambes, sur le coffre de la voiture, sur les deux motards, sur la chaussée. Une auréole de brume, un halo de graisse contenue dans la peau a brièvement tamisé le soleil quand la balle a touché l'os. JFK s'est affaissé à gauche, sur les genoux de sa femme. La moitié de son crâne manque, des bribes de cervelle ont été projetées en arc de cercle. La matière cérébrale du trente-cinquième président des États-Unis est répandue sur plusieurs mètres carrés, à Dallas, Texas. Jackie lâche son bouquet de roses rouges. La voiture n'accélère pas. Le sang forme une flaque sur le tapis de sol, et noie les roses.

Le gouverneur Connally, assis devant le Président, se tient le bras gauche, et a le temps de murmurer : « No no no. » Il serre le poing, frappe sa poitrine à coups répétés, en un mea culpa de douleur. Jackie se penche vers son mari. Quelques secondes plus tôt, JFK s'est retourné pour saluer la foule, et, quand il a regardé Jackie, il souriait. Sa main gauche pendait sur la portière. Puis une portion de sa tête a éclaté. Comme un melon, dit le motard de gauche. Comme un fruit mûr, dit celui de droite.

Jackie a vu le morceau de crâne s'envoler. Curieux, a-t-elle songé, c'est rose, couleur chair, et non ivoire. Au ralenti, doucement, doucement, l'os détaché s'est posé sur le coffre de la voiture, avec une portion de matière cérébrale. Sur le bleu nuit de la limousine, le contraste est joli. Jackie n'a qu'une seule pensée : il faut recoller cette pièce manquante. Elle s'agenouille sur la banquette, dans le sang, enjambe le dossier, commence à avancer à genoux sur le coffre. Elle risque de tomber. Elle ne sait rien, ne voit plus rien que ce petit tas rose qui peut glisser sur le macadam.

Clint Hill, son garde du corps, est dans la voiture qui suit. Il est l'un des rares qui ait compris ce qui vient de se passer. Le reste du Secret Service est incrédule. Les agents attachés à la personne du Président pensent tous qu'un imbécile a fait éclater des pétards, pour jouer. Ils ne bougent pas, ils sont figés. Dans l'une des voitures suivantes, un autre agent a aussi réagi instantanément. Il s'est jeté sur Lyndon B. Johnson, l'a tassé dans l'espace situé devant le siège, s'est allongé sur lui. Le vice-président est un couard. Il tremble. Il sait à quel point le Président est haï, au Texas.

Jackie progresse vers le morceau de viande. Clint Hill saute sur le marchepied, agrippe Dentelle – c'est le nom de code de la First Lady – et la repousse vers la banquette, dans le sang. Elle se rassied, rabat le cuir chevelu de son mari sur la plaie béante. Mais il n'y a rien, rien. Elle remet la peau en place sur du vide. Elle tente de fourrer un peu de matière cérébrale dans la cavité, en vrac. La voiture accélère. La foule s'éparpille. Les gens crient. Certains se précipitent vers un talus, d'où les coups, pensent-ils, sont partis. D'autres vers le bâtiment du Texas School Book Depository, derrière la limousine présidentielle. C'est la panique. Mais déjà, la voiture s'engouffre dans le tunnel qui passe sous la voie ferrée, et disparaît. Les motards, mouchetés de rouge, suivent.

Jackie tient, dans sa main, une poignée de pâte à modeler. Non, de cervelle. Elle piétine les roses.

Le lendemain, Dallas est en état de choc. Le monde entier aussi. Un étrange silence règne sur la ville. Un étudiant en médecine, William Allen Harper, fait des photos du site de l'assassinat, qui n'a pas été sécurisé par la police. Il est dix-sept heures trente, la lumière baisse. Dans l'herbe qui borde la chaussée, il aperçoit un morceau d'os. Il le ramasse, le regarde, le soupèse. C'est un trapèze de cinq centimètres sur sept. Harper reconnaît un fragment de crâne, un os occipital, qui ressemble à une écaille de la partie postérieure de la voûte crânienne et repose sur l'atlas, la première vertèbre de la colonne vertébrale. La moelle épinière passe par là.

Il confie le soir même ce fragment à son oncle, le docteur Jack C. Harper. Celui-ci le remet au pathologiste de l'hôpital où il travaille. Un autre médecin examine l'os. Tous sont d'accord : c'est bien un fragment occipital. Ils notent une trace de plomb. Ils remettent le fragment au FBI.

Dix ans plus tard, un enquêteur aura l'idée de comparer les radios officielles du Président assassiné et la photo du « fragment Harper ». Surprise : les radios montrent que l'os occipital de JFK est bien présent, sur le corps de la table d'autopsie à Washington. Les clichés rayons X ont donc été retouchés ? Des voix s'élèvent : non, non, le « fragment Harper » était en fait un os pariétal. Donc, situé devant.

Vérifions, décrètent les spécialistes.

Impossible. Le « fragment Harper » a disparu. La dernière fois qu'on l'a signalé, il était au laboratoire du FBI à Washington. Il ne sera jamais retrouvé.

Jackie, à l'hôpital, entre dans la salle des urgences. Figée, blême, elle sait que son mari est mort. On le recouvre d'un drap blanc, qui se tache de rouge. Le sang a coulé partout. L'anarchie est à son comble. Les procédures de sécurité sont mal appliquées, les prélèvements non préservés, les déclarations non consignées, le Secret Service est en rage, le FBI en désarroi, les vêtements de la victime seront envoyés au pressing, le corset disparaît, le prêtre qui donne l'extrême-onction sait que son sacrement n'est plus valable, c'est trop tard, l'âme a quitté le corps. Les proches de JFK veulent emmener la dépouille, la police est débordée, les journalistes errent dans les couloirs, les gens, dehors, s'agglutinent, personne ne sait quoi faire. Le vice-président est déjà en route pour l'aéroport, il va monter dans Air Force One, l'avion principal. Il est pressé.

Jackie, avant de quitter les lieux, sent que quelqu'un ouvre son poing fermé. C'est l'amiral Burkley, le médecin privé de JFK. Il desserre les doigts de la femme du Président, elle laisse tomber un peu de matière cérébrale. Il n'y a rien de dur. Que du mou, du liquide, du malléable. L'os qu'elle a cherché à agripper est tombé quelque part, dans l'herbe.

Quand elle s'en va, ses chaussures font un bruit désagréable, dans ce sang qui sèche déjà, et devient noir.

CHAPITRE PREMIER

Celui qui connaît la nuit

Il pleut à Fort Worth, ce vendredi 22 novembre 1963. Dans la suite 850 de l'hôtel Texas, le Président est réveillé. Son valet, George Thomas, lui apporte ses vêtements. JFK regarde par la fenêtre : il n'y a rien, rien sinon un paysage morne, estompé par la pluie légère. Du septième étage, on n'aperçoit que des rues sans fin, des bâtiments industriels, des flaques dans les parkings. Pour des raisons de sécurité, le Secret Service a préféré loger le Président à mi-hauteur du building, laissant le vice-président Lyndon B. Johnson et sa femme Lady Bird s'installer au treizième étage, dans la suite Will Rogers. C'est de circonstance : Will Rogers, un comique adoré du public, mort en 1935, a joué dans un film célèbre : *La Foire aux illusions.* À sa manière, LBJ est un maître illusionniste. Il faut le voir saluer la foule en souriant, alors qu'il murmure entre ses dents : « Bande de pauvres cons, je vous pisse dessus. » Les seuls qui l'entendent sont les agents du Secret Service. Ils sont convaincus que le vice-président est fou à lier. Ils n'ont pas tort.

JFK a bien dormi. Sa femme, Jackie, a accepté de participer à cette tournée électorale, mais elle déteste faire la potiche. Les enjeux sont importants : les Démocrates du Texas sont en train de virer à droite, toute une frange de l'électorat du Sud considère qu'il est un papiste aux ordres du Vatican, ou, pire, un rouge sous la coupe de l'autre Monsieur K., le Premier secrétaire du Comité central du Parti communiste d'Union soviétique, Nikita Khrouchtchev. Pour Kennedy, la seule façon de récupérer le vivier de voix au Texas est de faire une apparition, quelques discours, serrer des mains, rassurer. Le charme, le charisme du Président fera le reste. Son insolente chance aussi. Et, peut-être, la présence de Lyndon B. Johnson, Texan de pure souche, aidera-t-elle. À vrai dire, c'est surtout Jackie que les gens applaudissent : à sa manière, discrète, ambitieuse, faussement désintéressée, elle est une star. Mais elle a beau sourire dans la limousine présidentielle, agiter la main en direction des spectateurs qui l'adorent, elle n'est pas heureuse. Juste avant de partir au Texas, il y a eu une altercation violente : Jackie est lasse des aventures de son mari, de cette façon indiscrète qu'il a de séduire les invitées, de se comporter en butor souriant. Elle est constamment humiliée, bafouée. Ce n'est pas nouveau, mais c'est usant. Les Kennedy sont un couple, certes, mais qui ressemble à un hall d'hôtel avec une porte à tambour. Ça entre, ça sort, c'est intenable.

D'ailleurs, cette nuit-là, à Fort Worth, Jackie n'a pas voulu dormir avec son mari. Ils font chambre à part.

Le Secret Service est à pied d'œuvre. Malgré ce nom bizarre, il n'a rien de secret : c'est le service de protection des personnalités et de la répression de la fausse monnaie. Double casquette inconfortable. Mais, à Fort Worth, tout est parfait : les communications avec Washington sont assurées, les voitures inspectées et prêtes, les agents au garde-à-vous dans les couloirs. La pluie est une alliée. Car la voiture du Président, à Dallas, devra être recouverte d'un toit en plastique : c'est mauvais pour le spectacle, mais bon pour la sécurité. En ce deuxième jour de la tournée électorale, les choses se présentent bien. Le trajet a été repéré, et, de Fort Worth à Dallas, c'est court : à peine 32 miles. Entre les deux villes, des bourgades oubliées : Meadowbrook, Arlington, Grand Prairie, Euless, North Richland Hills ; et des lieux sans intérêt : Randol Mill Park, Water Chase Golf Club, Six Flags over Texas, El Tivoli Place. Il a donc été décidé que le Président arriverait en avion, pas en voiture. Débarquer de Air Force One, l'avion marqué du sceau de la présidence, c'est plus majestueux que de sortir d'une automobile couverte de la poussière du Texas.

Les points d'accès de la ville ont été inspectés, la police de Fort Worth coopère, et, somme toute, la foule est plutôt amicale. Voire enthousiaste. Les suspects éventuels ont été fichés, parfois contraints de quitter momentanément la cité, aucune menace sérieuse ne plane. Neuf agents du Secret Service – sur vingt-huit – se sont même permis, la veille, une petite récréation en allant dans un bistrot de la ville, le Cellar, ou traînent des hippies, des beatniks (des *beatniks* ! des anti-américains !) et des couche-tard. Les serveuses sont légèrement vêtues – certaines d'entre elles sont aussi strip-teaseuses dans un club de Dallas, le Carousel – et il n'y a pas de sièges. En revanche, il y a des coussins partout, dans l'esprit « Love and Peace » de l'époque. Le patron de l'endroit, Pat Kirkwood, est un homme sympathique. Son père est, dit-on, associé à un gangster, Lewis McWillie, l'homme lige du parrain de la Mafia de Tampa, Santo Trafficante. Le boss de La Nouvelle-Orléans, Carlos Marcello, emploie aussi McWillie parfois, dit-on. Peu importe, au fond : Kirkwood aime bien offrir des verres aux flics, aux employés de la mairie, aux gars du shérif. Les gens l'apprécient. Les agents du Secret Service s'amusent.

Et le job ? C'est sous contrôle. Les Men in Black ont demandé à des pompiers du cru de les remplacer momentanément à l'hôtel, et n'ont bu que des jus de fruits, juré. Puis ils ont fait quelques plaisanteries sur la Première Dame (« Avec des pompiers ? Imagine... »), et une ou deux serveuses auraient eu des bontés pour ces messieurs. Lesquels sont rentrés à trois heures et demie du matin, pour reprendre leur service à six heures. Certains constatent que le jus de fruits texan provoque un curieux mal de tête. Quatre d'entre eux seront dans la voiture qui suivra immédiatement la Lincoln décapotable du Président à Dallas. Les agents chargés de la protection rapprochée de LBJ, eux, sont restés dans leur chambre ou à leur poste. Johnson boude. Il se sent délaissé. Il l'est.

Après avoir pris son bain, JFK enfile une chemise – il en change quatre fois par jour – d'un bleu léger. Il a en tête un vers de Robert Frost, qu'il a inséré dans un discours, quinze jours plus tôt, au Amherst College : « Je suis celui qui connaît la nuit. » Il aime glisser ainsi des références poétiques, voire bibliques. Pour son discours à Dallas, il a choisi de terminer sur un extrait du Psaume 127, dit le « Cantique des degrés » : « Si l'Éternel ne garde la ville, celui qui la garde veille en vain. »

Il est catholique, et il sait que les sudistes, protestants, baptistes, épiscopaliens, presbytériens, unitariens, pentecôtistes, adventistes, congrégationalistes, méthodistes, témoins de Jéhovah, luthériens, mennonites, amish, huttériens, familistes, quakers, rappites, shakers, vont le clouer. Tous sont convaincus que Dieu est aux manettes. C'est Charles Guiteau, l'assassin du président Garfield, le 2 juillet 1881, qui l'a dit : « Dieu ne fait pas d'erreurs. À chaque fois, Il fait le bon choix, en ce qui concerne l'homme et le lieu. C'est ainsi qu'il fait toujours échec aux plans du Diable. »

L'Éternel l'aidera peut-être chez les fermiers d'Amarillo, les producteurs de prêt-à-porter d'El Paso, les éleveurs de San Antonio ou les assureurs de Houston, mais le Président n'y compte guère. Il préfère s'appuyer sur son aura, sa baraka, et la toute-puissance des Kennedy. Son père, Joe, est toujours intervenu avec sa fortune, ses relations, ses amis gangsters, son influence. Il a fait sauter les contraventions, payé des élections, frayé avec des truands, trahi les États-Unis, financé des nazis, menacé des opposants, écrasé des rivaux, couché avec des stars, et transformé ses héritiers en fils à papa certains de leur toute-puissance, arrogants et incapables d'aimer. Marietta Tree, la maîtresse de John Huston, l'ex-épouse du chef d'antenne de la CIA chargé de l'assassinat de Fidel Castro, Desmond FitzGerald, les connaît bien, les enfants Kennedy. Quand il a été élu, elle a simplement dit : « J'aurais aimé que JFK ait un cœur. Il n'en a pas. » C'était sur le tournage des *Misfits*, à Pyramid Lake. Marilyn Monroe a entendu.

JFK est bourré de drogues. Il est malade. Il a une déficience hormonale, des problèmes de dos, des reins qui fonctionnent mal, la malaria, et avale des pilules par poignées. Il prend des antispasmodiques pour ses colites, des antibiotiques pour ses infections urinaires, de la cortisone, de la testostérone et, pour la douleur, de la codéine, du Demerol et de la méthadone. Il a si mal au dos qu'il ne peut mettre ses chaussettes sans être aidé : ses vertèbres sont atteintes d'une forme de maladie dégénérative. Il porte un corset pour soulager sa colonne vertébrale, dort sur un matelas spécial en crin, a tendance à grossir à cause de la cortisone, dont il fait déposer des réserves un peu partout aux États-Unis, comme un avare stocke des tas d'or dans des coins secrets. Parfois, le Président fume un pétard ou prend du LSD avec sa maîtresse, Mary Pinchot Meyer, une femme étonnante, drôle, intelligente, sexy. Une artiste. Régulièrement, il se fait administrer des piqûres d'amphétamines par un guérisseur marron qui sera bientôt disqualifié par l'Ordre des médecins. Quand Robert F. Kennedy a mis son frère en garde, celui-ci lui a simplement répliqué : « M'en fous que ça soit de la pisse de cheval. Ça marche. » La vérité, c'est que les amphétamines l'électrisent. Et il entretient son bronzage : les Américains aiment avoir un président dynamique. Son dossier médical reste – et restera – secret. Personne n'y aura accès. Après tout, celui de Franklin Roosevelt a disparu quarante-huit heures après sa mort, et n'est jamais réapparu. Celui de JFK restera ignoré jusqu'en 2002, date à laquelle il sera ouvert – partiellement.

Ce matin, sanglé dans son corset sous sa chemise, il contemple le ciel. Puis il entre dans la chambre de sa femme. Là, une fenêtre donne sur le parking de l'hôtel. Et le Président aperçoit plusieurs milliers de personnes qui l'attendent. C'est bon signe.

– Regarde ça ! dit-il.

Jackie ne se lève pas. Elle est fatiguée. Elle veut dormir. Elle a perdu un bébé il y a trois mois. Elle ferme les yeux. Jacqueline Bouvier Kennedy replonge dans le noir. La vie la fatigue.

Les nuages sont bas, et traversent le Texas. JFK a visité San Antonio, puis Houston. Il est arrivé à Fort Worth la veille, jeudi, à vingt-trois heures, fatigué. On l'attend à Dallas dans deux heures, ce 22 novembre, puis à Austin. Il est prévu qu'il soit revenu à Washington dimanche, à temps pour l'anniversaire de son fils John John, qui fêtera ses trois ans lundi. John John, c'est la prunelle de ses yeux, le seul héritier mâle. Un gamin drôle et touchant, qui adore les hélicos et les chiens. Il a pleuré pour venir au Texas. Il est resté à la Maison Blanche, avec sa sœur Caroline, plus âgée. À six ans, elle préfère les poneys et son tricycle.

Le Texas, depuis vingt-quatre heures, JFK l'a vu de près : des routes sans fin bordées de stations-service ornées d'un cheval ailé en néon ; des supérettes qui proposent du Coca et du dentifrice ; des plaines où poussent laborieusement des buissons de mesquite, maigres et piquants ; des villes plates, fondées au hasard des fleuves, où l'Histoire n'a laissé aucune trace ; des restoroutes ouverts toute la nuit, où des camionneurs tatoués jouent au billard ; des hangars immenses où rouillent des pick-up et où sèchent des épis de maïs ; des lignes électriques tricotées contre le ciel ; des drive-in où les adolescents viennent en voiture s'embrasser dans le noir, devant un écran géant ; des troupeaux de *longhorns*, ces bœufs à cornes longues, lents et innombrables. Le paysage est parfois barré de fils de fer barbelé, parfois traversé par des autoroutes qui forment des lacets. Et il y a le vent, venu du golfe du Mexique, un vent lourd, qui fouette le crachin. Quand il n'y a pas de crachin, il y a la poussière. Quand il n'y a pas de poussière, il y a juste un silence brûlant.

Kennedy n'est pas chez lui. Il se sent déplacé dans ce pays. Il ne comprend pas ces habitants, qui ne jurent que par la liberté, cette liberté individuelle que leur dispute l'État fédéral. Dans le salon de l'hôtel, un sergent supervise la pose du lutrin orné du sceau du Président. C'est là que ce dernier devra faire un petit discours à neuf heures et demie, devant un public en majorité bourgeois, influent et républicain. Les prolétaires, il leur fera un autre discours en vitesse, juché sur la plate-forme d'un camion, dans le parking, juste avant, vers neuf heures. Mais déjà, plusieurs centaines d'ouvriers et de travailleurs, souvent mexicains ou noirs, se pressent devant le camion, entourés par des policiers à cheval.

Le valet personnel du Président, George Thomas, ouvre la porte. Le général McHugh, qui est chargé d'apporter, le matin, les analyses de la CIA, entre et fait antichambre. La situation est stable : Fidel Castro digère sa déconvenue de la crise des fusées, quand Khrouchtchev a retiré ses missiles nucléaires de Cuba ; le Vietnam s'agite, après le coup d'État ; des tensions sont perceptibles à Berlin, où les espions occidentaux ont réussi à écouter les messages des services de renseignements de la République démocratique ; le prisonnier d'Alcatraz qui aimait les oiseaux, Robert Stroud, vient de mourir dans sa cellule, après cinquante-quatre années de détention ; Jimmy Hoffa, le big boss du syndicat des Teamsters, l'ennemi juré de Bobby Kennedy, est au palais de justice de Nashville, inculpé pour corruption ; JFK, lui, s'inquiète d'un nouveau candidat à l'élection, le sénateur Barry Goldwater. L'autre candidat possible, Richard Nixon, un Républicain bon teint, s'est retiré de la course. Il a vraiment une gueule de sbire : mal rasé, le regard fuyant, le front luisant, il est l'éternel perdant, le kapo suiffeux.

Faut-il le prendre au sérieux ? Cette question sera débattue avec Lyndon B. Johnson dans la nuit de samedi à dimanche, que JFK a l'intention de passer dans le ranch du vice-président, concession à la vanité de LBJ. Cette décision a plongé Lady Bird Johnson dans une inquiétude mortelle : depuis des jours, elle veille à la préparation des chambres, à l'exécution des recettes, à la propreté des lieux. Replète et toujours humiliée par son mari, elle tente de faire bonne figure. Elle y arrive mal.

À Dallas, c'est le branle-bas de combat. La police, le Secret Service et toutes les agences de maintien de l'ordre sont sur le pied de guerre. Il faut sécuriser le trajet depuis l'aéroport, et, surtout, veiller à ce que personne ne manifeste dans la grande salle du Trade Mart, la Bourse du commerce, où deux mille cinq cents invités vont déjeuner en écoutant le président des États-Unis, à midi et demie. Les cuisines vont devoir fournir deux mille cinq cents steaks, des vrais steaks du Texas qui débordent de l'assiette et tachent de sang les serviettes. Comme c'est un vendredi, l'archevêché a publié une dispense spéciale : pour la visite du Président, pas question de faire maigre.

JFK, qui vient de nouer sa cravate, demande à George Thomas :

– Dehors, ça a l'air de quoi ?

George Thomas s'approche de la fenêtre. C'est un homme arrondi, dont la cinquantaine commence à être apparente. Il a été autrefois au service d'Arthur Krock, un journaliste attaché au père Kennedy. Krock a été le nègre du livre de JFK, *Portraits d'hommes courageux*, qui relate l'odyssée du PT-109, le patrouilleur coulé par les Japonais. L'ouvrage a obtenu le prix Pulitzer 1957, et Joe Kennedy en a acheté des milliers d'exemplaires pour faire monter le tirage et transformer son fils en écrivain à succès. Et, accessoirement, en faire un héros de guerre. Krock a « fait cadeau » de George Thomas à JFK.

Le valet est l'un des rares Noirs de l'entourage proche de Kennedy.

– Il pleut, Monsieur le Président.

– Dommage.

Là-dessus, JFK va s'attabler devant son petit déjeuner. Café, deux œufs à la coque, des toasts, de la marmelade d'oranges. Quand Jackson, le serveur noir de l'hôtel, un peu ému, dresse la table, il entend le Président discuter avec son ami, Kenny O'Donnell. Celui-ci est l'un des membres de l'« Irish Mafia », le groupe de conseillers proches de JFK qui partagent ses soucis, ses humeurs, ses analyses, son origine irlandaise et, souvent, ses maîtresses. O'Donnell est en train d'expliquer au Président le conflit larvé entre le sénateur Yarborough et le vice-président Johnson. Le premier est un Démocrate de cœur, militant, blanchi sous le harnais. Il a des convictions : l'égalité, l'éducation, la santé. Le second est un Démocrate d'occasion, un arriviste expert en manipulation politique. Des convictions ? Il n'en a aucune. Il n'aime que le pouvoir, le whisky et les filles. Les deux hommes ne peuvent se souffrir. Ils refusent d'être dans la même voiture. Kennedy tranche à sa manière :

– Si Yarborough ne veut pas être dans la voiture de Lyndon, il devra marcher.

Il décapite un œuf.

Jackson s'approche de George Thomas. Il aimerait avoir un petit souvenir. Le valet transmet la demande. Kennedy offre une pince à cravate ornée du symbole PT-109, et serre la main de l'employé. Celui-ci, heureux, s'en retourne aux cuisines. « Pour la première fois de ma vie, j'ai rencontré un président », dit-il.

Ce sera la dernière. Quelques mois plus tard, Jackson sera mort. Cancer.

JFK finit ses œufs. Il se verse un peu de café, prend les journaux. Le premier qui lui tombe sous la main, c'est le *Dallas Morning News*. La page de titre est bordée de noir, comme un faire-part de décès : « Welcome Mr Kennedy to Dallas. » C'est de l'ironie. Douze questions, particulièrement agressives et fielleuses, suivent. Pourquoi avez-vous autorisé la vente de blé et de maïs à nos ennemis (l'URSS), alors que les soldats communistes blessent et tuent des soldats américains au Vietnam ? Pourquoi avez-vous donné l'ordre à votre frère Bobby, ministre de la Justice, d'être « compréhensif » envers les communistes, leurs compagnons de route, les ultra-gauchistes, alors qu'ils persécutent les Américains loyaux qui vous critiquent, vous, votre administration et votre présidence ? Pourquoi dites-vous que nous avons bâti un « mur de liberté » autour de Cuba, alors qu'il n'y a pas de liberté à Cuba aujourd'hui ? Pourquoi avez-vous reçu Tito, le cheval de Troie de Moscou ? Pourquoi Gus Hall, le secrétaire général du Parti communiste US, a-t-il soutenu chacune de vos décisions et annoncé qu'il allait voter pour vous en 1964 ? Pourquoi notre politique étrangère a-t-elle dégénéré au point que la CIA est obligée de faire des coups d'État et extermine nos alliés anticommunistes ? Nous espérons que vous répondrez, sans détour.

« Mr Kennedy, en tant que citoyens des États-Unis, nous EXIGEONS des réponses et nous les voulons TOUT DE SUITE. »

NOW.

Signé : « The American Fact-Finding Committee », « un groupe de citoyens sans affiliation, non orienté, qui veut la vérité ». Bernard Weissman, président. Boîte postale 1792, Dallas 21, Texas.

L'ambiance est donnée. Kennedy repose le journal, agacé. NOW ? On ne parle pas ainsi au Président. On ne parle pas ainsi à un Kennedy. On parle ainsi aux laquais.

La vérité ? Ils veulent la vérité ? La vérité est que le signataire, Bernard Weissman, vingt-six ans, est un ex-soldat qui vénère le général Walker, ayant servi sous ses ordres en Allemagne. Or, ce dernier est un dingue d'extrême droite, congédié pour avoir fait circuler des manuels d'endoctrinement nazi. Walker pense que la lecture de *Mein Kampf* est, ma foi, pleine d'enseignements. Depuis sa destitution en 1961, il hante Dallas, faisant des apparitions à toutes les manifestations fascistes, rassemblant autour de lui les crânes rasés, les antisémites, les fous de la Nation aryenne, les militants du Ku Klux Klan, les lyncheurs de tous bords. En septembre 1961, Walker a vigoureusement protesté contre l'intégration de l'étudiant noir James Meredith à Oxford, Mississippi. Il a été inculpé de sédition, de troubles à l'ordre public et de conspiration. Edwin Walker, aussi, est l'ami de Barry Goldwater.

Bernard Weissman, lui, est marchand de tapis. Il est arrivé à Dallas il y a quinze jours, à la demande d'un ami, Larry Schmidt, un visionnaire qui cherche à regrouper la John Birch Society (le KKK, à côté, c'est Blanche-Neige chez les Bisounours), les Young Americans for Freedom et diverses organisations racistes. C'est avec Schmidt que le marchand de tapis a conçu la page du *Dallas Morning News*. Celle-ci a été payée par la John Birch Society et par H. L. Hunt, un millionnaire énervé.

Mais c'est avec l'aval du patron du journal, Ted Dealey, qu'elle a été publiée.

Ted Dealey est un personnage. Éternellement coiffé d'un petit Stetson, il est le fils de George Dealey, un businessman né pauvre à Liverpool, en Grande-Bretagne, devenu riche à Galveston et richissime à Dallas. La statue en bronze de George Dealey domine Dealey Plaza, à Dallas : derrière lui, un drapeau du Texas, régulièrement changé. Le fils, Ted, sexagénaire, dirige le *Dallas News*, et surveille d'un œil d'aigle la ligne éditoriale, qui peut se résumer ainsi : JFK est un traître. Le journal, deux cent quarante mille exemplaires quotidiens, a fermement soutenu Nixon en 1960, et, aujourd'hui, incite ses lecteurs à voter Goldwater – bien que celui-ci soit d'origine juive (son grand-père se nommait Goldwasser et s'est marié à la grande synagogue de Londres). C'est un détail qu'on se garde bien de rappeler, pour ne pas faire fuir l'extrême droite antisémite. En revanche, il est précisé que Goldwater est épiscopalien, et qu'il est un fervent adversaire de l'URSS, contre laquelle il préconise d'avoir recours à l'arme atomique, si nécessaire. Ted Dealey, en privé, précise quand même qu'aucun des actionnaires du *Dallas Morning News* n'est catholique ni juif. Il écume quand on lui parle de JFK.

Dealey est mû par deux choses : l'argent. Et la bave.

JFK se souvient d'un détail. En automne 1961, une délégation du Texas a été invitée à rendre visite au président des États-Unis. La politesse protocolaire de l'entrevue a été brisée par une sortie de Ted Dealey, qui s'est adressé au Président sans la moindre trace de respect : « Vous et votre administration, vous êtes des pleureuses. Nous avons besoin d'un homme à cheval pour mener le pays alors que, au Texas et dans le Sud-Ouest, nous pensons que vous pédalez sur le tricycle de Caroline. » La réunion s'est terminée sur une note glaciale.

Il montre du doigt la page du *Dallas News* à Kenny O'Donnell, son homme de confiance. Celui-ci, debout, hoche la tête : « J'ai vu. » Ce que le Président ne sait pas, c'est que, la veille de son arrivée, cinq mille tracts ont été distribués en ville. Dessus, sa photo, de face et de profil. En titre : « Cet homme est recherché pour actes de traîtrise contre la Constitution des États-Unis. » Sept paragraphes détaillent les crimes du Président : il remet la souveraineté du pays entre les mains des communistes, il trahit nos amis, il se couche devant l'ennemi (à Berlin, à Cuba), il soutient les émeutes raciales, menées par des communistes, il a nommé des « anti-chrétiens » à divers postes de son administration, il a menti de façon « fantastique » au peuple américain. Sous le mot « WANTED », en général, il y a : « Dead or Alive. » Cette fois-ci, les auteurs ont préféré s'abstenir. Mais chacun comprend. C'est un appel au meurtre.

Derrière ce tract accusateur, une organisation : la National Indignation Convention. Pas des gens de gauche, de toute évidence. Ils sont financés par H. L. Hunt, encore.

Kenny O'Donnell ne souffle mot de cette propagande. En revanche, il montre au Président la page 4 du *Dallas Morning News*. L'article de tête annonce qu'il ne va pas reconduire le vice-président dans ses fonctions : « Nixon déclare que Johnson est devenu un boulet politique. » Instantanément, JFK comprend : Nixon, battu à l'élection présidentielle en 1960, évincé par un Démocrate au poste de gouverneur de Californie, est aux abois. Il se venge. Rongé par le besoin d'argent, toujours en position de roquet, l'ex-candidat républicain mord. Devenu avocat pour la firme Pepsi-Cola, il est à Dallas, depuis quelques jours, pour un conclave sur l'embouteillage des boissons gazeuses. Il en profite pour semer la zizanie.

JFK serre les dents. Mais, bonne nouvelle : on annonce que la météo va s'améliorer. Donc, pas de toit sur la voiture. « Et pas de gardes du corps à ma droite et à ma gauche, Kenny », insiste le Président. De même, les motards devront rouler à l'arrière de la Lincoln, et non à hauteur de portière. « Les gens viennent pour me voir moi, pas pour voir le Secret Service. »

JFK se lève de table. Il est presque neuf heures, il est temps. La porte s'ouvre, et Jackie paraît. Elle n'est pas prête. Elle regarde le salon, orné de toiles de maîtres prêtées par un bienfaiteur. Il y a là un bronze de Picasso, une toile de Monet, un Van Gogh, et quelques autres. Elle apprécie, mais elle a besoin de café et d'une cigarette. Juste avant de sortir, son mari lui montre le titre du *Dallas Morning News*. Elle pâlit.

– Comment un journal peut-il imprimer des choses pareilles ?

Son mari se tourne vers elle.

– On est chez les cinglés.

CHAPITRE 2

Dallas, impitoyable

Dallas est une ville en croix. La US Route 80 va d'est en ouest, de la Louisiane au Texas; la Interstate 35 va du nord au sud, de Duluth à Laredo. Au centre, il n'y a rien. C'est une cité de vent, d'assureurs, de banques et d'arrogance. Le pays est plat et infini. Le Rio Grande, loin au sud, borde le Texas et sert de frontière : les immigrants mexicains sont cueillis sur les rives du fleuve, puis refoulés; les bœufs charolais importés illégalement, maquillés, déteignent dans l'eau, et sont abattus à vue. On dit que le business de Dallas, c'est le business. Faux : le business de Dallas, c'est la haine.

En 1963, la ville est au top du hit-parade du sang. Il y a plus de meurtres commis au Texas que dans n'importe quel autre État américain. Et il y a plus de meurtres commis à Dallas que n'importe où au Texas. Les armes sont en vente libre, dans les *gunshops* ou les *gun fairs*, sortes de fêtes champêtres où le visiteur peut acheter, à son gré, un Magnum 357 ou un M-14, l'arme des GIs au Vietnam. Au besoin, il est aussi possible d'acquérir un nid de mitrailleuses lourdes ou un tank de la Seconde Guerre mondiale, mais c'est plus cher. Les dentistes sont armés, les garagistes aussi, les fermiers évidemment. Quant aux pétroliers, n'en parlons pas. Les femmes portent souvent, dans leur sac à main, un 38 Special Snub Nose ou un Derringer. Petites armes, mais efficaces : c'est avec un Derringer que John Wilkes Booth a assassiné Lincoln, en criant : « Mort aux tyrans ! »

Écrasée de chaleur en été, balayée par le vent du nord en hiver, la ville n'existe que par et pour l'argent. On y vend des assurances en vrac, on y négocie le pétrole par millions de barils. Celui-ci provient des quelque 200 000 puits forés un peu partout au Texas. L'État se vante d'avoir 621 avions, 1 038 cinémas, 1 018 banques, 227 000 fermes, 233 miles d'autoroute. C'est au Texas qu'on trouve la femme la plus grosse, le bœuf le plus lourd, le portier d'hôtel le plus grand. C'est Dallas qui livre le plus de squelettes aux universités du pays.

En 1963, la ville est encore à l'orée de son développement : elle compte 750 000 habitants. Il y a peu de Noirs, pas d'Indiens, quelques Mexicains. Trois cents églises, temples ou lieux de prière ponctuent la ville. Tout le monde est protestant. Luthériens, calvinistes, baptistes ou dérivés ne croient qu'en un seul Dieu, en son Fils, et à la prédestination, point final. La Sainte Vierge ? Vous plaisantez. Il n'y a que les abrutis de Rome pour croire qu'une femme a enfanté en restant vierge. La King James Bible dans une main et le *Dallas Morning News* dans l'autre, les bons chrétiens de Dallas sont persuadés de l'existence de l'enfer, peuplé de cohortes de démons, Abaddon le destructeur, Asmodée le surintendant de Satan, Mammon le cupide, Bélial le prince de l'anarchie. Les anges déchus seront jetés « dans le feu éternel qui a été préparé par le diable ». Les communistes aussi. Sans parler des hippies, des beatniks, des rock'n'rollers, des Yankees, des étrangers. Il arrive que les boutiques juives soient marquées de croix gammées.

La guerre froide, au Texas, n'est pas un vain mot. Les Texans sont convaincus que les marxistes sont aux portes de l'Occident. La guerre de Corée a été un match nul, celle du Vietnam commence, la Chine menace, l'URSS s'installe partout en Amérique latine, Cuba est à portée de main, l'Europe est dangereusement contaminée, et, à Washington, les crypto-cocos font la loi. La preuve : non seulement Kennedy est catholique romain et obéit aveuglément au pape, mais il est entouré de rouges, qui sont en contact direct avec Khrouchtchev. Rome-Moscou, l'Axe du Mal, le danger absolu, l'enfer en marche.

À Dallas, la section locale du Parti communiste compte sept membres.

Le 24 octobre 1963, Adlaï Stevenson est à Dallas. C'est un sexagénaire affable, dont la courtoisie est bien connue. Démocrate depuis toujours, il s'est présenté deux fois à l'élection présidentielle et, les deux fois, a été battu par le Républicain Dwight Eisenhower, le général qui a mené ses troupes à Berlin. Ambassadeur auprès de l'ONU, Stevenson est profondément haï dans le Sud : il est le symbole même de la politique du « chien couchant » devant les communistes. En plus, il est soupçonné d'être homosexuel.

Ce jour-là, c'est le United Nations Day, l'occasion de rappeler que la guerre doit céder le pas devant la diplomatie. La veille, le général Walker a tenu un meeting au même endroit, le Memorial Auditorium. Comme d'habitude, Walker a copieusement décrié l'ONU, JFK et les Démocrates. Soutenu par une salle en délire, il s'est adressé à la John Birch Society, dont les membres sont venus en masse. Le message est clair : tout ce qui est rouge est à exterminer. Tout ce qui est rose aussi. Tout ce qui est mou est à balayer. La seule couleur tolérée, c'est le brun. Certains spectateurs ont fait le salut nazi.

Vingt-quatre heures après Walker, dans la même salle, Adlaï Stevenson monte à la tribune. Il est accueilli par des huées. Il tente de prendre la parole. Impossible. Il se renseigne. Les fauteurs de trouble appartiennent tous à la National Indignation Convention, dirigée par le général Edwin Walker. Stevenson, debout derrière le micro, patiente. Finalement, voyant qu'on ne le laissera pas placer un mot, une virgule ou un soupir, il demande à un jeune homme : « Dites-moi, mon ami, je ne suis pas venu au Texas pour donner des leçons de politesse aux Texans, quand même ? » L'autre lui crache dessus.

Stevenson est sidéré. Il s'essuie le visage. La police intervient. L'ambassadeur sort, bien décidé à se tirer de ce guêpier. Mal lui en prend : d'autres manifestants le bloquent, lui lancent des œufs. Ils ont des panneaux avec des slogans anti-ONU. Une femme, la langue tirée, avance et frappe Stevenson de son panneau, lequel se brise. Il n'y a pas de mal, mais il y a du danger : la foule est rageuse. Stevenson regarde cette femme de quarante-sept ans qui a failli l'assommer. Elle est mariée à un assureur et fait partie des Minute Women, une association auprès de laquelle les Hitlerjugend sont de gentils adolescents zen. Stevenson s'adresse à elle : « Qu'est-ce qui ne va pas ? Je peux vous aider ? » Elle lui répond avec une colère folle : « Si vous ne savez pas ce qui ne va pas, je ne peux pas vous l'expliquer. Tout le monde le sait. » Elle écume. Stevenson, protégé par les policiers, s'éloigne, et demande : « Ce sont des animaux ou des êtres humains ? »

Stevenson s'en va, humilié, perplexe, dégoûté. Il vient de comprendre que ce qu'on dit du Texas – c'est le seul État qui ait réussi à aller de la barbarie à la décadence sans passer par la civilisation – n'est pas faux.

À Washington, il fait son rapport au Président. L'endroit, dit-il, est dangereux. Le pasteur Billy Graham, la star de l'évangélisme télévisé, lance un avertissement à JFK : « Ne venez pas. » Le sénateur du Texas Yarborough insiste : « N'y allez pas. » Le sénateur de l'Arkansas, William Fulbright, répète : « Annulez votre visite. » Adlaï Stevenson, quelques jours plus tard, raconte l'incident à Jackie Kennedy, lors d'une soirée. « C'est la ville la plus antidémocrate du Sud », dit-il. Il ajoute : « Réfléchissez. » Il souligne que Lady Bird, la femme du vice-président Johnson, a été pareillement reçue en 1960, avec crachats et menaces, notamment par Bruce Alger, le premier député républicain du coin depuis la guerre de Sécession. Qui, pour marquer son opposition à la politique de la Maison Blanche, a voté contre la distribution gratuite de lait dans les écoles.

Deux jours avant le voyage à Dallas, Earl Warren, juge à la Cour suprême, est invité à Washington pour une grande réception. Il y a cinq cents convives, tout le monde est en habit de gala. Ethel, la femme de Bobby Kennedy, remarque que son beau-frère est préoccupé. JFK s'isole. Elle essaie de le distraire, peine perdue. Warren s'approche et dit : « Le Texas, ça va être dur, Monsieur le Président. » Jackie aussi est inquiète. Le *Dallas Morning News* entretient la flamme des manifestants, accusant JFK de « laxisme » et de « stupidité ». Le député Bruce Alger jette de l'huile sur le feu : « Nous sommes vendus aux socialistes yankees. » Est-il vraiment nécessaire d'aller visiter le « Lone Star State », l'État de l'Étoile solitaire ?

JFK ne change pas d'avis. Il ira au Texas. Question de courage.

Personne ne sait que, le soir du 22 octobre, lors du meeting du général Walker, un jeune homme effacé est là, et écoute. Il revient d'URSS. Il se nomme Lee Harvey Oswald.

Dallas a, en partie, été fondé par des Français. En 1854, Victor Considérant, fils d'un professeur de rhétorique, admirateur inconditionnel de Fourier, seul député à proposer le droit de vote pour les femmes, est chassé par Louis-Napoléon Bonaparte. Ce dernier, en effet, a eu le front de soutenir le pape contre la République romaine : Considérant, éternel révolté, doit s'exiler. Avec ses disciples, il arrive au Texas, et fonde un phalanstère baptisé « La Réunion ». Il fait venir des artistes, des scientifiques, des naturalistes, des fabricants de cigares, des bijoutiers, des maîtres de danse, des charpentiers, des cordonniers. Mais pas d'agriculteurs. L'implantation sera un échec. Le sol, l'aridité, l'inexpérience, tout concourt à la difficulté. Même les Indiens, dont Considérant écrit : « Ceux-ci montrent souvent les dispositions les plus destructrices et les plus sanguinaires. » Nonagénaire, traînant sa silhouette en loques au Quartier latin, il se souviendra plus tard de Dallas avec ferveur. Il a aimé l'air : « La grande brise du golfe est, je ne crains pas de m'exprimer ainsi, la couronne de tous les bienfaits que la nature semble s'être plu à réunir. »

Un siècle plus tard, même le souvenir des fouriéristes a disparu avec le vent du Sud.

En 1963, les rues sont envahies de panneaux d'assurances – Southland Life, Fidelity Union, Prudential – et de banques – Republic, First National, Mercantile. C'est une cité sans passé : aucune bataille historique n'y a été livrée, aucune relique n'y est exposée, aucun bâtiment n'attire l'attention, si ce n'est le Texas School Book Depository, surplombé par une immense publicité pour Hertz Rent-A-Car, et le Texas Gothic Courthouse, un palais de justice d'une rare laideur. Seul titre de gloire de la ville : Doc Holliday, le légendaire pistolero de OK Corral, a jadis exercé là son métier de dentiste. La ville est strictement divisée : le quartier bourgeois, Oak Cliff, est « sec » (sans alcool) ; West Dallas, où demeurent les pauvres, se trouve à l'écart. Vingt-cinq mille miséreux y habitent, dont quatorze mille vieillards qui touchent 83 dollars par mois, en moyenne. Dans le centre-ville, les habitants préfèrent acheter une maison au triple de sa valeur plutôt que de laisser un Noir s'y installer.

Mais le plus curieux, c'est le système de gouvernance. Il y a un maire – sans pouvoir. Un conseil municipal – sans moyens. Des électeurs – sans voix. Car, en 1937, las des lenteurs de l'administration, les pétroliers se sont réunis, et ont fondé le Citizens Council, groupe sans mandat et sans existence législative. Toutes les décisions sont prises là, entre millionnaires. La mairie hésite à faire rallonger la piste de l'aéroport, depuis des mois ? Le Citizens Council s'en occupe. Quelques jours plus tard, c'est chose faite, travaux exécutés. Il y a des tableaux de Picasso au musée municipal ? C'est un communiste, n'est-ce pas ? On les décroche. L'intégration des Noirs est exigée par l'État fédéral ? Saisissons la Cour suprême, malgré la certitude que celle-ci est un « Kremlin judiciaire ». Les décisions du Council sont sans appel. Des nababs, assis sur des tas d'or, comme Clint Murchison ou H. L. Hunt, font la loi. Ils forment une junte.

Dallas est une ville visionnaire : elle a inventé la démocratie sans le peuple.

Il y a cependant un contre-pouvoir. Celui-ci s'exerce dans l'ombre, dans les rues obscures, dans les bas-fonds. Celui de la Mafia. Dallas a beau être la « Church Capital », c'est aussi la « Sin Capital », car qui dit église dit péché. Non loin du centre-ville, des boîtes de strip-tease côtoient des motels miteux, des bars douteux s'adossent à des bordels. Au Colony Club, on peut voir « Chris Colt et son calibre 45 » ; au Theatre Lounge, voici Nikki Joyce, dont les seins sont célèbres. Candy Barr, la plus admirée des effeuilleuses, la plus courue des danseuses de « burlesque », mariée à un casseur de coffre-forts, se produit un peu partout. Elle a eu une aventure avec JFK, dit-on. Il y a des tables de jeu pour les amateurs, des bookmakers à chaque coin de rue, des putes de luxe, des radeuses de trottoir, mais tout est réglementé. Le nombre de centimètres carrés de peau exposés par les strip-teaseuses est déterminé par arrêté communal ; l'alcool est interdit après minuit, même dans des sacs en papier ; les livres douteux sont bannis, et il faudra attendre les années 80 pour que *Tropique du Cancer* (paru en 1934), de Henry Miller, soit autorisé à la vente. Inutile de chercher *Les Raisins de la colère*, *Le Meilleur des mondes* ou les œuvres de Thomas Wolfe. Les livres ont été retirés à la demande du Citizens Council, qui estime que ce sont là des sous-produits du New Deal (le « Jew Deal »), qui a été inventé par des subversifs, des pervers et des nègres (Eleanor Roosevelt, la femme de l'ancien président, est même qualifiée de « négresse »).

Les livres sont rares, à Dallas : il n'y a qu'une seule librairie. Et le Texas, alors, compte huit cent mille analphabètes.

Mais il y a des gangs, des bandes, des voyous. Maud Lynch la bien nommée, mère maquerelle qui conduit une Cadillac et porte des diamants, a été arrêtée des dizaines de fois, mais relâchée aussitôt : elle a des retards de paiement, la police n'aime pas ça. Mina de Luce, l'autre mère maquerelle de la ville, fait profil bas et paie rubis sur l'ongle : elle ne sera jamais inquiétée.

La Mafia de Dallas est sous la coupe de Joe Civello, l'homme de main de Carlos Marcello, le grand patron du South. Civello est tellement craint que lorsqu'il tue l'un de ses adversaires d'une décharge de shotgun dans le ventre, la victime, avant d'expirer, dit aux flics : « C'est un accident. » Civello contrôle la plupart des établissements nocturnes de Dallas, dont l'Egyptian Restaurant et le Carousel. Le premier appartient à Joseph Campisi, le second à un certain Jack Ruby. Campisi est italien, c'est donc un homme d'honneur. Ruby est juif, il n'a évidemment pas d'honneur.

C'est une opinion partagée par les grands bourgeois de Dallas. Ainsi, H. L. Hunt, riche comme Crésus, appelle au durcissement idéologique des partis de droite. Ses « soldats » ont même composé une petite chanson de marche :

De ma Mercedes-Benz,
Je tire sur tous les youtres
Oh, qu'est-ce qu'on s'amuse
Les nazis sont de retour !

L'hôtel Del Charro à La Jolla (Californie), qui appartient à l'autre milliardaire de Dallas, Clint Murchison, est interdit aux juifs. C'est le lieu de résidence favori de J. Edgar Hoover, le directeur du FBI, qui y passe toutes ses vacances, avec son compagnon Clyde Tolson.

Moyennant quoi, la ville se développe à grande allure. L'argent du pétrole coule à flots. Ainsi, le magasin Neiman-Marcus met en vente des produits incroyables, destinés aux épouses de ces messieurs : un tigre empaillé incrusté de diamants, une authentique jonque chinoise, une réplique de l'Arche de Noé (avec un cuisinier français, un masseur suédois, un coiffeur allemand, un docteur new-yorkais, un vétérinaire texan, quatre-vingt-douze mammifères, dix reptiles, quatorze poissons, vingt-six oiseaux, trente-huit insectes. Prix : 588 247 dollars). Le bâtiment de Mobil Oil, symbole de l'opulence, est pavé de marbre importé d'Italie, et se targue d'avoir cinq cents bureaux et seize ascenseurs. L'extravagance est tolérée, si elle manifeste la richesse. Ainsi, l'un des magnats du pétrole met un billet de 100 dollars, tous les matins, à la place de son nœud papillon. Un autre élève des pingouins dans une chambre froide. Son voisin écrit à Picasso pour lui commander dix toiles. Quand on demande à l'une de ces dames de la haute pourquoi ses azalées sont si belles, elle répond : « Fumier de vison. » Ray Cullen, peut-être le plus riche des plus riches, organise une soirée où a lieu un match de catch au son d'une symphonie de

Mozart. Il assure à qui veut l'entendre que « si le lynchage devient un crime fédéral, le totalitarisme suivra ». Puis il ajoute : « Ce qui veut dire l'athéisme. » Tous ces gens n'ont qu'une seule idée : devenir encore plus riches. Ils y réussissent bien.

Au fond, Victor Considérant a bien vu les choses : « Le commerce américain n'a pas pour principe que les petits profits font les grands bénéfices. Il professe que ce sont les grands profits qui font les grandes fortunes. »

Ce qui tracasse le Président, ce matin-là, c'est la situation politique. En 1960, il a été élu avec quelques milliers de voix d'avance, et avec la complicité active des voyous payés par son père. Joe Kennedy, dans les années 30, a amassé une fortune considérable en s'associant à des gangsters pour le trafic d'alcool. Chemin faisant, il a contracté une dette : des truands comme Sam Giancana, parrain de Chicago, ou Meyer Lansky, capo de Miami, ont activement aidé son fils à accéder à la Maison Blanche. Ils s'attendent à être payés de retour.

Pour l'instant, John F. Kennedy sait que la situation est volatile. L'élection est proche, et son aura personnelle s'est érodée. Sa liaison avec Marilyn Monroe, sa fréquentation d'hommes aussi douteux que Frank Sinatra, sa prise de position contre la ségrégation lui ont coûté cher. Ainsi, le simple « busing » – les Blancs et les Noirs sont désormais mêlés dans les autobus – lui a fait perdre trois millions et demi de voix, dans les sondages du Sud. Pire : le Parti démocrate, qui est majoritaire au Texas depuis la nuit des temps, est désormais fracturé. Le gouverneur Connally, qui se représentera devant les électeurs dans un an, n'aime pas Kennedy. Il est pourtant obligé, par courtoisie, de recevoir le président des États-Unis. Mais l'idée d'être assis sur un strapontin dans la Lincoln présidentielle, devant JFK, lui déplaît souverainement. Il préférerait, de loin, être vu avec son compatriote texan, Lyndon B. Johnson.

Justement, ce dernier se prépare, lui aussi. Sa femme, Lady Bird, pourtant texane, est inquiète. Sa main tremble en versant le café. Elle se souvient de cette foule, à Dallas, qui l'a couverte de crachats devant l'Adolphus Hotel. Elle n'a qu'une envie : quitter Dallas le plus vite possible. Elle sent les vibrations de haine, ici.

Lady Bird sait.

Elle sait que la ville est aux mains des enragés d'extrême droite. L'International Committee for the Defense of Christian Culture bat le rappel. La Christian Crusade fait de même. Et ce n'est pas tout : le président du syndicat de la police de Dallas est membre du Ku Klux Klan, dont la charte demande l'élimination « des nègres, des catholiques, des juifs, de la drogue, du trafic d'alcool, de la corruption, de la sexualité immorale » et la punition de « ceux qui violent le sabbat ». Les voitures, à Dallas, portent des autocollants contre JFK. Le nom du Président est hué dans les écoles. On répète, en ville, la remarque de H. L. Hunt : « Je veux un Kennedy mort. » C'est une plaisanterie, évidemment.

Évidemment.

Et puis il y a les réseaux politiques. Celui des Minutemen, milice fasciste qui s'entraîne le dimanche. Celui des Minute Women, dont la règle est que chaque membre doit en recruter cinq autres. Celui du White Citizens' Council, qui prône la supériorité de la race blanche. Il y a la John Birch Society, fondée par un confiseur, dont le membre le plus célèbre est John Wayne. Cette « société » a un budget de 20 millions de dollars par an, possède quatre-vingt-cinq mille membres répartis en quatre mille chapitres, et son credo est que « le nègre est inférieur biologiquement, la race nègre est en retard sur la race blanche d'environ deux cent mille années ». Il y a les Texans for America, la Church League of America, la Conservative Society of America, la Let Freedom Ring, les Circuit Riders, les Christians Against Atheistic Communism, le Texas Relief Committee, les Sentinels of the Republic, l'Order of American Patriots, les Texas Regulars, le Constitution Party of Texas, le National States Rights Party, les Liberty Belles, les Night Riders. Il y a même un Dallas Committee to Bring Recognition to Merchants Selling Communists Imports (autrement dit : un comité pour dénoncer les commerçants qui importent des produits made in URSS – on se demande bien quoi). Le pasteur David Noebel, tous les week-ends, assure que le communisme, l'hypnotisme et les Beatles provoquent l'« anesthésie des centres de contrôle du cerveau ». L'eau du robinet est fluorée : c'est un poison créé par les Russes. La guerre du Vietnam est une diversion inventée par l'URSS pour détourner l'attention des Américains du programme spatial. Le LSD menace le pays : il est importé secrètement d'Israël.

Le coupable : JFK.

La solution : pour les Minutemen, il faut établir une « république nègre » – loin. Pour les Birchers, il est nécessaire d'écraser cette « horde de termites, de ministres déments et de professeurs ». Pour le Ku Klux Klan, le XXe siècle doit « être basé sur la Bible et le beurre ». Pour les Minute Women, l'idéal est simple : « Une famille, un fils, une maison, un jardin, une voiture, un drapeau. Pas un Noir en vue. » J. C. McNealus, sénateur de Dallas, a jadis bien résumé les choses : « Voyez comme le grec, le rital, et le polack détrônent le nègre de son stand de cireur de chaussures. Ils sont insolents ! Ils sont anti-américains ! Ils doivent être expulsés ! Et aucun Américain véritable ne devrait éprouver de regrets si le bateau coulait au milieu de l'Atlantique. » La vérité, c'est qu'un État qui possède une ville nommée Corpus Christi, le Corps du Christ, est dirigé, voire peuplé, par des talibans chrétiens.

Dans sa suite, avant de sortir, Kennedy se tourne vers sa femme. « Ce serait facile, au fond, de m'assassiner. Il suffit de se placer dans un immeuble avec un fusil à lunette, et personne n'y pourrait rien. »

Il l'a vraiment dit.

CHAPITRE 3

Le séducteur de Washington

Le président sort de sa chambre. Il est 8 h 50. Il discute avec les agents du Secret Service, réitère ses instructions – personne entre lui et la foule – et, dans le couloir, se dirige vers l'ascenseur. Parvenu au rez-de-chaussée, il est rejoint par LBJ, le gouverneur Connally, le sénateur Yarborough. Tous ces gens se détestent. L'un des Men in Black, Bill Greer, se précipite avec un imperméable, mais JFK refuse. Un Kennedy ne se laisse pas démonter par une ondée. Il sort dans le parking, où quatre mille personnes l'attendent, encadrées par la garde à cheval en ponchos cirés. Il y a là des plongeurs, des pompistes, des femmes de ménage, des coursiers, des cheminots, des mécanos, des chômeurs, des blanchisseuses. Ce sont les oubliés de Fort Worth, les gens d'en bas. Le Président note que beaucoup de visages sont noirs. Les gens attendent depuis trois heures, voire quatre, sous la pluie. Pour eux, Kennedy, c'est l'espoir.

JFK monte sur la plate-forme d'un camion, et, désignant la pluie d'un mouvement de menton, s'écrie : « Il n'y a pas de poules mouillées à Fort Worth ! » La foule adore. Des cris s'élèvent pour réclamer « Mrs Kennedy ». Où est-elle, Mrs Kennedy ? JFK sait qu'elle est son atout majeur. Le public admire cette femme si distinguée, si lointaine, si rêveuse, si digne, si maternelle, si belle, si... *upper class*. Kennedy essuie une goutte d'eau sur son front, et met les choses au point : « Mrs Kennedy est en train de s'organiser. Ça lui prend un peu plus de temps, mais, bien sûr, elle présente mieux que nous. » Applaudissements, rires, complicité.

Dans sa chambre, Jackie entend la foule. Elle se demande ce qu'elle va mettre. Finalement, elle se décide pour un ensemble Chanel rose acheté au magasin Chez Ninon à New York. C'est une copie, certes, mais Nona McAdoo, la propriétaire du magasin, est la fille d'un ancien secrétaire du Trésor, la petite-fille de Woodrow Wilson, vingt-huitième président des États-Unis, et Jackie est folle de mode. De plus, Nona McAdoo a un lointain lien de parenté avec un ami de la famille : George de Mohrenschildt, un géologue bizarre, un aventurier dépressif, anticommuniste notoire, agent de la CIA. Il a joué avec Jackie quand celle-ci était enfant.

Mohrenschildt va fréquenter et aider Lee Harvey Oswald. Et, sans doute, être son agent traitant.

Le Chanel rose court-circuite l'Histoire.

JFK adore cet ensemble, que Jackie a porté maintes fois, notamment lors de la rencontre avec Nikita Khrouchtchev, à Vienne. Elle demande à sa secrétaire de tout préparer, et constate, satisfaite, que la pluie va obliger Bill Greer, le chauffeur, à utiliser le toit hard top – plastique noir – pour la voiture.

– Au moins, dit-elle, ma coiffure ne sera pas détruite par le vent.

Elle s'assied devant le miroir, déjà fatiguée.

– Une seule journée de campagne électorale et on a trente ans de plus.

Sous la pluie, John Kennedy ne porte même pas un chapeau. Johnson, lui, a mis un imper, et se protège sous un parapluie. Le contraste est saisissant. Le Président, souriant, brave les éléments ; le vice-président, l'air d'un épagneul breton, a peur de se mouiller. Il y a des policiers sur le toit du terminal routier, en face, et sur le building à côté. La foule est amicale. JFK apaise les cris d'un geste de main, puis parle : « Cette ville croit en sa puissance, en la force de l'État et en celle du pays ; ce que nous essayons de faire, ici et dans le monde, c'est simplement de bâtir une structure militaire qui sauvegardera les intérêts vitaux des États-Unis. » Le Président sait ce qu'il fait. Car c'est à deux pas d'ici que sont fabriqués les B-58, les premiers bombardiers supersoniques, capables de voler à très haute altitude pour éviter les radars ennemis. Et l'industrie aéronautique, au Texas, n'est pas une mince affaire. JFK continue : « Nous pensons aussi que le nouvel environnement, l'espace, est un lieu où nous devons affirmer notre supériorité. » Message : le centre aérospatial de Houston continuera à être financé par des fonds fédéraux. Votez pour moi. Le Vietnam est votre garantie de l'emploi. La guerre, c'est du cash. L'espace, c'est une tirelire.

La pluie recouvre le visage du Président d'une fine pellicule tiède. Il livre quelques chiffres prouvant que l'économie est saine, fait l'éloge du citoyen ordinaire, salue la ville de Fort Worth, et remercie. Les applaudissements sont enthousiastes – et sincères. Il serre des mains, sourit, puis tourne les talons. Il est 9 h 10.

Il lui reste trois heures et vingt minutes à vivre.

Il revient sur ses pas, et traverse la cuisine de l'hôtel. Là, il s'arrête brièvement pour relire la présentation que doit faire le gouverneur Connally, puis il s'adresse au sénateur Yarborough : « Nom de Dieu, arrêtez vos âneries, Ralph ! », dit-il rageusement. Sous-entendu : montez dans la voiture avec votre ennemi. Faites ce qu'il faut. Le ton de JFK est sans appel. Quand il est de cette humeur, mieux vaut ne pas le contredire. Les Kennedy ne sont pas réputés pour leur sens de la diplomatie. Leur père les a dressés à donner des ordres, et à être obéis. Leur mère, Rose, n'a jamais parlé aux domestiques autrement que d'une voix sèche. Elle ne vit pas, elle règne. Elle ne demande pas, elle dicte. Les gens de peu, les parents Kennedy ne connaissent pas. Leur mépris les déforme. Quand ils sourient aux inférieurs, ils grimacent.

Les cuisiniers de l'hôtel Texas sont à la peine : deux mille cinquante invités (dont cinquante Noirs, imposés par la Maison Blanche – « sans quoi le Président ne viendra pas ») attendent dans le Grand Ballroom. Tout autour du Président, le long des fourneaux, c'est un ballet de cafetières, d'assiettes avec des omelettes lourdes, des patates grasses, des lames de bacon frit, des steaks de toréador, des pancakes au sirop d'érable, des tranches de jambon pimenté. C'est le petit déjeuner texan, cholestérol garanti, infarctus en option. D'immenses plateaux s'envolent, chargés de petits pains et de ketchup. Les tasses s'entrechoquent, les casseroles résonnent, les ordres couvrent le bruit des petites cuillères. Tous les hommes politiques connaissent les cuisines d'hôtel : c'est là que se tiennent les réunions importantes, là qu'on les fait passer en cas de fuite. Là que la Mafia règle ses comptes, et laisse les cadavres saigner dans les gamelles.

Robert Francis Kennedy, soixante-quatrième Attorney General des États-Unis, sera assassiné dans une cuisine, à Los Angeles, le 6 juin 1968.

Le Président s'installe face à la salle. Devant lui, une centaine de tables qui rassemblent les commerçants, les financiers, les administrateurs de Fort Worth. Sur l'estrade, il se penche vers un garde du corps : « Où est Mrs Kennedy ? Je la veux ici. » Le message est immédiatement transmis à Clint Hill, l'ange gardien de Jackie. Des caméras s'allument, des mains se tendent, des applaudissements éclatent. Une enveloppe est remise au Président. C'est une missive de Mgr Vincent Wolf, de la Holy Family Church, assurant JFK que la congrégation de Fort Worth lui offre mille messes, en signe de dévotion, comme une traite sur l'avenir. À raison d'une messe par semaine, il y en a pour vingt ans. Le Président met la lettre dans sa poche. Là-dessus, le Trio Jimmy Rovitto et l'orchestre de la Texan Christian University entament la séquence musicale, avec *Hail to the Chief*, pom-pom pom-pom, marche obligatoire, scie martiale imposée aux présidents depuis 1845 : « Saluons le chef, qui avance dans le triomphe / Honoré et béni par le pin toujours vert / Grand doit être l'arbre qui porte sa bannière étincelante… » La ritournelle se termine par un rappel à l'ordre : « Alignez-vous, vassaux, alignez-vous ! » Ils s'alignent, ils s'alignent, les vassaux. La dernière note retombée, Mgr Wolf bénit l'assistance, les petits pains, le bacon, les patates, les pom-pom, les jeunes et les vieux. Au Texas, Dieu est partout, même dans les miettes. Quand Il est à Fort Worth, Il n'est pas ailleurs.

Le maître de cérémonie s'avance et annonce, au micro : « Et maintenant, l'événement que vous attendiez tous ! » Jackie entre en scène. La salle entière se met debout pour applaudir. Quand elle est près de son mari, élégante dans son Chanel rose, celui-ci la dévisage, et dit : « Il y a deux ans, à Paris, je me suis présenté comme celui qui accompagnait Mrs Kennedy. » Pause. « J'ai un peu la même impression au Texas. » Les applaudissements redoublent. Le Président laisse passer. Puis : « Personne ne remarque ce que Lyndon et moi-même portons… » Les deux mille cinquante invités sont conquis. Reste à faire son discours, toujours le même : la grandeur des USA, la nécessité d'une Défense nationale forte, la Nouvelle Frontière. *America first*. Personne ne peut y trouver à redire. Sauf les enragés du KKK, les dingues de la John Birch Society, les fanatiques de la Aryan Nation. Mais ils n'ont pas été invités à Fort Worth.

Là-dessus, JFK fait semblant de manger son deuxième petit déjeuner. Parmi les invités, l'épouse du gouverneur Connally, Nellie, est rouge de confusion. Son ensemble est rose aussi, mais il est mal coupé, banal, acheté au décrochez-moi-ça. En fait, elle est habillée d'un sac à patates, certes rose, mais sac quand même. De son côté, Lady Bird, avec son collier de perles, ne se pose pas en modèle d'élégance. Elle aime faire des confitures à la maison.

Au moment de partir, à 9 h 45, le président de la chambre de commerce offre au couple Kennedy un Stetson « contre la pluie » et une paire de santiags féminines. Si personne ne s'attend à ce que Jackie troque ses chaussures plates contre des boots de cow-girl, le public aimerait bien que JFK mette le sombrero. Peine perdue. Il y a deux choses que le Président ne fait pas, ne fera jamais : c'est porter un couvre-chef et aller à confesse. « Je le mettrai lundi. Venez à la Maison Blanche, vous me verrez avec. » Il n'en pense pas un mot.

Avec Jackie, il remonte dans la suite 850.

Là, Jackie se donne quelques instants de repos, allume une cigarette mentholée – elle a soin de ne jamais fumer en public – tandis que son mari examine son planning. Elle prend son temps devant le Monet. C'est *La Seine à*

Lavacourt, 1880, dont la sérénité apaise le regard. Il y a aussi d'autres toiles, prélevées dans les collections des musées locaux : Thomas Eakins, Lyonel Feininger, Franz Kline, Marsden Hartley, ainsi que des sculptures de Picasso et de Henry Moore. Elle enlève ses gants, touche la chouette en bronze de Pablo. Dans la chambre à coucher, elle a dormi sous le *Chemin avec paysan et pelle* de Van Gogh, qui date de 1887, juste avant le départ de l'artiste pour Arles. Sur l'autre mur, il y a le *Bassin de Deauville*, une toile de Dufy. Le Président, lui, s'est contenté dans sa chambre de *Perdu dans la neige* de Charles Marion Russell, 1888. A-t-il seulement remarqué l'œuvre ? Néanmoins, il prend soin de téléphoner pour remercier le collectionneur Samuel Benton Cantey III, qui a eu cette délicate attention. Son interlocuteur, un banquier, est ravi. Jackie, à son tour, exprime son émotion, et raccroche. Kenny O'Donnell demande à la First Lady : « Vous serez avec nous en Californie dans deux semaines ? » Elle hoche la tête. Oui.

D'une certaine façon, elle aime son mari. Mais elle le déteste aussi.

Jackie n'ignore rien des escapades de JFK. Boosté par les amphétamines et la cortisone, gonflé de la certitude que rien ne lui résiste, il a toujours multiplié les aventures féminines. En véritable Kennedy, il ne voit pas pourquoi le mariage l'empêcherait de s'amuser. Pendant les réceptions, il lui arrive de disparaître dans une pièce adjacente avec une starlette en visite, l'épouse d'un ambassadeur ou la compagne d'un invité. Brutal, rapide, égoïste, il se contente de prendre, mais ne donne rien. Angie Dickinson, la belle interprète de *Rio Bravo*, confiera plus tard que son aventure avec le Président a duré quarante secondes, présentation et politesses comprises. Les préliminaires ? Inutiles. Les baisers, oubliés.

Tous les soirs, après sa journée de travail, JFK va se baigner dans la piscine de la Maison Blanche. Il n'est jamais seul. Des secrétaires, des bimbos, des visiteuses, parfois des putes, viennent patauger avec lui. Le Secret Service est sur les dents. Qui sont toutes ces filles dont nul ne sait d'où elles viennent, si elles sont armées, si elles visent un chantage ? Quand il est en voyage, Kennedy demande des prostituées. Quand il est à Hollywood, il couche avec Marilyn Monroe. Quand il va passer des week-ends avec ses copains, c'est carrément l'orgie. Pas une seconde, il ne pense au danger. Mal lui en prend : Inga Arvad, sa maîtresse de 1942, était sans doute une espionne nazie. Personne n'a été lésé, mais il y a un homme qui a tiré profit de ce dossier secret : J. Edgar Hoover, qui n'oublie rien, ne pardonne rien. Le FBI est sa chose. Plus tard, il y aura d'autres scandales évités de justesse.

Celui provoqué par Judith Exner Campbell, une belle brune qui sert de porteuse de valises entre la Mafia et le candidat Kennedy, en 1960. Hoover a des photos.

Celui agité par Marilyn Monroe, qui ne souffre pas

d'être plaquée sèchement, en 1962. Hoover a des enregistrements.

Celui d'Ellen Rometsch, la sulfureuse sirène du Quorum Club à Washington, qui est une taupe communiste. Hoover a le dossier.

À chaque fois, avant que la presse ne s'empare de l'événement, Bobby s'interpose, et Hoover se tait. L'Attorney General impose le silence à Judith Exner Campbell, rend visite à Marilyn, fait expulser Ellen Rometsch. C'est lui qui se charge de trouver des faiseuses d'anges, le cas échéant. Il paie les bavardes. Parfois, il débourse gros : 10 000 dollars par-ci, 100 000 par-là. Par chance, Joe Kennedy, le père, est l'un des hommes les plus riches des États-Unis. Et dans la famille, personne ne se formalise de ces écarts quotidiens. Comme le dit Joan, l'épouse de Ted Kennedy, le petit frère : « Tous les Kennedy sont comme ça. » Joan Kennedy va devenir une alcoolique totale.

La liste des filles qui passent dans le lit de JFK est longue. Le Secret Service n'arrive plus à comptabiliser les créatures. Mais il y a pire : quand Jackie a fait sa première fausse couche, en 1956, son mari était en croisière en Europe, avec des copains – et une bordée de filles. Prévenu par son père, John Kennedy a d'abord refusé d'abréger ses vacances, puis a traîné des pieds comme un butor pour rentrer à Cape Cod. Il y a eu d'autres alertes : un matin, Jackie a trouvé, dans son propre lit, une petite culotte noire. Elle l'a rendue à son mari, en précisant : « Pas ma taille. » Peu avant l'élection, elle a décidé de s'en aller, de demander le divorce : il a fallu toute la force de persuasion de Joe Kennedy pour la retenir. Et un chèque d'un million de dollars, agrémenté d'une Cadillac.

Jackie n'est pas la belle dame évaporée qu'elle semble être. Quand elle épousera Onassis, plus tard, tout sera acté par contrat, y compris la fréquence des élans et le prix d'un divorce éventuel.

Elle aime le pouvoir, elle adore le luxe. Elle déteste la politique, elle hait les grossiers. Elle se plie mal au protocole et monte à cheval. Elle vit dans le rêve de Camelot, le castel de chevaliers de la Table ronde, en fumant des Salem ou des L & M mentholées – qui lui fabriqueront un cancer terminal – et en fermant les yeux. Jackie a bouleversé la Maison Blanche : Mamie Eisenhower, le soir, mangeait avec un plateau-repas sur les genoux et regardait des soaps à la télé. Jackie a engagé un cordon-bleu, et écoute de la bossa-nova.

Elle a bien eu quelques aventures, de son côté : avec William Holden, l'acteur drôle et séduisant de *Sabrina*, excellent choix. Elle en aura une avec Robert McNamara, le secrétaire à la Défense, dont celui-ci ne se remettra jamais. Elle restera liée avec Roswell Gilpatric, l'un des sous-secrétaires, un homme charmant et brillant. Leur love story durera cinq ans.

Mais rien n'y fait : son homme, c'est JFK.

Ils vont à l'église ensemble – elle est persuadée que son mari ne s'y rend que « pour voir s'il y a des jolies filles » – et elle essaie de lui préparer des petits plats – poulet à l'estragon et bombe glacée à la mandarine. En privé, elle demande à ses amies : « Mais pourquoi va-t-il si vite ? ».

Elle aimerait quelques préliminaires... Jackie sait que son couple est constamment menacé, depuis le 12 septembre 1953, date de la bénédiction épiscopale à Newport. Depuis dix ans, malgré tout, le mariage tient.

Le danger, le vrai danger, est plus récent. La fille se nomme Mary Pinchot Meyer.

Elle a trente-deux ans, est issue de la meilleure société de Washington – son grand-père, avocat, a défendu Sacco et Vanzetti, son oncle est gouverneur de Pennsylvanie, sa mère est une hôtesse réputée – et elle est l'enfant prodigue des sixties : Peace & Love. Mary Pinchot Meyer croit en l'amour libre – elle n'a aucune jalousie envers les autres maîtresses de JFK – et en l'Art. Peintre, elle fréquente toute la bohème de la Côte Est. Elle est amusante, piquante, ravissante, et libre. Son ex-mari, Cord Meyer, un héros de la Seconde Guerre mondiale, est le numéro 2 du contre-espionnage, le bras droit de James J. Angleton, le plus célèbre traqueur de taupes des États-Unis. L'une des missions de Cord Meyer est d'infiltrer, voire de financer les mouvements pacifistes ou culturels, notamment en Europe. Il a été naguère accusé d'être lui-même une taupe par McCarthy, le cinglé qui voit des communistes partout.

Mary Pinchot Meyer a aussi travaillé pour la CIA, un peu. Puis elle a changé de bord, affichant des préférences pour les révolutionnaires. Depuis un an, elle a conquis JFK : ils se promènent ensemble, échangent des livres, se retrouvent pour dîner. Il a pleine confiance en elle. Elle lui fait découvrir le LSD, il lui dévoile les arcanes de la basse politique. Ils ont, de surcroît, un lien puissant : tous deux ont perdu un enfant. Elle, le 19 décembre 1956, a vu son fils de neuf ans, Michael, mourir écrasé par une voiture. Lui, le 9 août 1963, a tenu son fils Patrick Bouvier dans ses bras, et l'a vu s'éteindre, quelques heures après sa naissance. Insuffisance respiratoire. C'est la seule fois qu'on a vu le Président pleurer.

Jackie, avec raison, s'inquiète.

Il ne viendra jamais à l'esprit de personne que Mary Pinchot Meyer est une Mata Hari. Elle n'en a pas le profil. Et pourtant...

Pourtant, un an après la mort de son amant, elle sera assassinée de deux balles, l'une dans la tête, l'autre au cœur, dans une allée de Georgetown. Le meurtrier ne sera jamais retrouvé.

Jackie sent que son mari a trouvé en cette femme – qui vient fréquemment dîner chez eux, face à elle – une compagne, une âme sœur. Il a donc une histoire d'amour, une vraie ?

Ce qui n'empêche pas John Fitzgerald Kennedy de faire des siennes.

Il a aussi rencontré – et séduit – une jeune étudiante de dix-neuf ans, Mimi Beardsley. En 1962, il l'a simplement déflorée sur le lit de Jackie – sans même un baiser et sans lui enlever son soutien-gorge. Puis il s'est relevé, a remonté son pantalon, et a dit : « La salle de bains est par là. »

Plus tard, en décembre, après quelques rendez-vous secrets, il la fait venir dans la maison de Bing Crosby, à Palm Springs, pour un week-end avec des amis. Mimi Beardsley, en arrivant, constate que l'endroit, isolé dans le désert, est bourré de gens. Rires, plongeons dans la piscine, nuit étoilée, poppers. JFK demande : « Veux-tu essayer ? » et brise une capsule de nitrite d'amyle, la tient sous le nez de la jeune fille. Elle est électrisée, puis s'endort. Elle n'assiste même pas à la projection du dernier film à la mode, *Tom Jones*, une fantaisie amusante et libertine. Le lendemain, quand elle se réveille, il n'y plus personne, sinon JFK et l'un de ses amis de l'« Irish Mafia », Dave Powers. Celui-ci a relevé le bas de son pantalon, et, assis sur le bord de la piscine, agite ses pieds dans l'eau. JFK s'approche de Mimi, lui murmure : « Mon ami me semble un peu tendu. Tu veux t'en occuper ? » En fait, il la défie de jouer un air de flûte enchantée à Dave Powers. Elle le fait. Le Président regarde.

Sordide.

Quarante ans plus tard, Mimi Beardsley en éprouvera encore de la honte. Mais, pour Kennedy, c'est un sentiment inconnu.

Juste avant de partir faire sa tournée au Texas, JFK a proposé à Mimi Beardsley et à Mary Pinchot Meyer de l'accompagner, secrètement – et séparément. Les deux femmes ont refusé.

Jackie, elle, a accepté, malgré ses réticences.

Les talkies-walkies des gardes du corps donnent des nouvelles : Lancer (Lancier) et Lace (Dentelle) – noms de code des Kennedy mari et femme – montent dans la voiture pour aller à l'aéroport. Le soleil perce. Rien ne peut arriver. Le Président a son assurance-vie dans sa poche. Mille messes, pensez !

L'itinéraire du défilé présidentiel a été publié le 26 septembre par le *Dallas Morning News*. La route choisie passe devant le Dal-Tex, un immeuble en brique, et le Texas School Book Depository, un entrepôt de livres scolaires. Dans le premier, un fabricant de prêt-à-porter, Abraham Zapruder, gère son business. Dans le second, un employé terne empile des livres, en silence, pour 1,25 dollar l'heure.

Il se nomme Lee Harvey Oswald.

CHAPITRE 4

Double-face Oswald

Lee Harvey Oswald, justement.

Il va mourir quarante-sept heures et cinquante-trois minutes après JFK, d'une seule balle qui pénétrera du côté gauche, passera à travers le poumon, la rate, l'artère abdominale, l'aorte, les intestins, la veine cave, le rein droit et se logera sous la peau, à droite. Le monde entier sera témoin de son assassinat, commis devant les caméras de télévision, en direct. Le tireur, Jack Ruby, sera au premier plan, star instantanée.

Du coup, Oswald va demeurer un mystère.

L'un des rares détails personnels qui restera de son existence en coup de vent, c'est qu'il a un héros, une idole : Herbert Philbrick. Dans les années 50, Philbrick est une vedette. Autrefois, c'était un simple employé dans une agence de publicité, et c'est là qu'il a été contacté par le FBI pour infiltrer le Parti communiste. De 1940 à 1949, Herbert Philbrick a donc été une taupe. Puis, en avril 1949, il a été convoqué par la justice pour témoigner des menées subversives des marxistes-léninistes. Son autobiographie – et les cent dix-sept épisodes de la série télé qui en ont été tirés – ont connu un immense succès. Titre : *J'avais trois vies : citoyen, communiste, contre-espion.* Trois vies ? De 1953 à 1956, le public est captivé. Ainsi, le téléspectateur découvre qu'il y a des complots communistes partout, dans les banlieues, les écuries, les manufactures, les wagons de métro, les cinémas, les bouges, les arrière-cours, les gares, les administrations, les églises, les fermes, les usines. Ces satanés rouges ont même essayé de maquiller des bombes à la poudre noire en aspirateurs Tornado. Toute l'Amérique latine regorge de types qui lisent en douce *Le Capital* le matin et *Le Manifeste du Parti communiste* le soir. Des secrets d'État sont transmis dans des journaux en yiddish, les sacristies chrétiennes sont infiltrées, et le grand plan de l'URSS est de transformer toutes les Américaines en prostituées. L'Amérique est en danger. Alerte ! Comme le proclame la couverture du livre : « La vigilance éternelle est le prix de la liberté. » Le message est martelé, toutes les semaines, sur le petit écran.

Chaque épisode est approuvé personnellement par le directeur du FBI, Hoover, qui se délecte. Il adore le cinéma et la télé.

Le réalisateur de la série, Herbert Strock, est un homme sans la moindre étincelle d'humour. Dans son livre de souvenirs, verbeux, inutile (« Quand vous tournez en extérieurs, assurez-vous d'avoir des repas convenables »), Strock se vante d'avoir signé des nanars comme *I was a Teenage Frankenstein* ou *Blood of Dracula*, mais, en

276 pages, ne cite pas une fois Herbert Philbrick... Strock a aussi réalisé *How to Make a Monster*, en 1958.

Comment fabriquer un monstre ? C'est toute la question.

Adolescent, à La Nouvelle-Orléans, Lee H. Oswald passait ses après-midi à sécher les cours, et à regarder *J'avais trois vies*. Son frère Robert se souviendra plus tard que le gamin était « hypnotisé ».

Trois vies ? Oswald en a-t-il seulement une ?

Le 22 novembre, il a vingt-quatre ans depuis un mois. Il est de taille moyenne, chétif, avec des traits mous. Toute sa vie, il est passé inaperçu. L'existence, pour lui, semble être un boulet. Il n'a pas les épaules. Ni pour vivre ni pour subvenir aux besoins de sa famille. Car il est marié, et a deux filles en bas âge. Son couple est mal en point : les disputes sont quotidiennes, le manque d'argent chronique, les séparations fréquentes. Oswald n'arrive à rien : il n'a ni éducation, ni spécialisation, ni horizon. Il fait partie de ces minables que l'écume des jours jette dans une ville, et que le ressac emporte, qui roulent entre chômage et désœuvrement, et qui finissent alcooliques, illuminés ou squelettes dans les universités.

Ce jour-là, pourtant, il est chez sa femme, Marina. Celle-ci demeure dans une petite maison, dont la propriétaire, Ruth Paine, est l'épouse d'un employé de Bell Helicopter, Michael. Ruth Paine est une militante de gauche, tout comme son mari qui est inscrit à l'American Civil Liberties Union. L'ACLU combat le racisme, soutient les

Indiens, se bat pour la séparation de l'Église et de l'État, manifeste contre la guerre du Vietnam. Donc, de toute évidence, il s'agit d'une organisation anti-américaine, un club de vermines, selon les critères texans. Circonstance aggravante : Ruth Paine parle russe, langue qu'elle a apprise lors de sa participation à un groupe d'amitié USA-URSS, chez les quakers. C'est ainsi qu'elle a fait connaissance de Marina Oswald, qui ne possède que quelques mots d'anglais, et que le mode de vie américain désarçonne. Marina est originaire de Severodvinsk, monstrueuse ville soviétique, à une trentaine de kilomètres d'Arkhangelsk. C'est là qu'a été construit le premier sous-marin nucléaire made in URSS. La cité est un amas de barres HLM, de rues encombrées de neige sale, d'usines encore plus sales. Le fond de gamelle du paradis socialiste. En dessous, il n'y a que le goulag coréen et la banlieue de Bakou.

Marina a rencontré Lee Harvey Oswald deux ans auparavant, lors d'une soirée au palais de la culture de Minsk, un bâtiment étrange qui tient de la Madeleine, du faux temple grec et du vrai néoclassique stalinien. Des statues de travailleurs à bretelles, d'étudiantes au garde-à-vous, de fermiers au menton haut ornent la façade, le toit, les bas-côtés de ce gros mausolée, où on débite du Tchaïkovski, du Prokofiev et du Chostakovitch sous des banderoles louant la production de tracteurs. À seize ans, Marina Prusakova a quitté le foyer familial pour devenir préparatrice en pharmacie à Minsk. Jeune fille sans relief, aux dents cariées, elle a mené des études fades, sous la protection de son oncle, Oleg Prusakov, gradé du KGB. Quand elle a dansé avec Lee Harvey Oswald, lors d'un bal en mars 1961, elle l'a suivi. Ils se sont mariés un mois plus tard, et ont eu leur première fille en février 1962.

Lee Harvey Oswald est allé à contre-courant. À l'époque, les Soviétiques votent avec leurs pieds quand ils le peuvent, et n'ont qu'une idée, Amerika, Amerika. Oswald fait l'inverse. Il fait partie de la poignée d'Américains qui, chaque année, abandonne le monde capitaliste pourri, ses dieux bourgeois et ses messies en toc pour s'installer dans la patrie du socialisme et contribuer à l'espoir de l'humanité. L'URSS est l'étoile rouge de l'avenir, Khrouchtchev le répète. En 1930, les exilés occidentaux fuyaient la Grande Dépression, et, arrivés à Moscou, découvraient, effarés, les Grandes Purges. Dans les années 50, des dévots du communisme, souvent noirs, abandonnaient l'Amérique raciste pour construire une société égalitaire sur la Volga. Rapidement désenchantés, ils essayaient ensuite de refaire le chemin d'Est en Ouest : c'était impossible. Ils étaient prisonniers du système. Dans les fifties et les sixties, rares sont ceux qui abandonnent San Francisco, Big Sur, Elvis Presley, Chuck Berry, les New York Yankees, les taxis jaunes, Batman et The Jack Benny Show pour écouter « Étendard soviétique, étendard populaire » et les rapports de production des bassins houillers sur Radio-Moscou.

En 1959, faire défection vers l'URSS relève de l'illusion, de la folie, de l'espionnage ou de la malédiction. C'est pourtant ce qu'Oswald choisit. Juste avant son anniversaire, alors qu'il vient d'être démobilisé, il part. Via Le Havre, Southampton et Helsinki, il arrive à Moscou le 14 octobre 1959. Là, devant les autorités, il explique son désir de devenir citoyen de « la Grande Union des Républiques socialistes soviétiques ». Les Russes, méfiants, lui refusent cet honneur. Il s'entaille les poignets. Il est soigné, placé dans un hôpital psychiatrique. En sortant, il se dirige vers l'ambassade des États-Unis, jette son passeport sur la table, et renonce à sa nationalité américaine. Puis il affirme aux Russes qu'il détient des informations de valeur. Ceux-ci se contentent de lui fournir un poste de tourneur dans une usine de radios à Minsk. Si Oswald espérait trouver le pays du bonheur prolétaire – c'est son intention déclarée –, il ne reçoit que du pain bis, un salaire en roubles, un appartement confortable et des anges gardiens du KGB. Espion, idiot ou aveugle ? Communiste par conviction ou sympathisant sur commande ? Électron libre ou employé de la CIA ? La question ne sera jamais tranchée. Même le KGB restera flou.

Le 24 mai 1962, Oswald reprend son passeport US et repart au Texas, accompagné de son épouse russe et de sa fille. Il s'installe chez sa mère Marguerite, une folle certifiée. En quelques mois, la situation se dégrade. Pas de travail stable, pas de domicile fixe, et un mariage qui se délite. Marina finit par trouver refuge chez Ruth Paine. Celle-ci a senti, chez cette jeune femme, un désarroi total. Elle veut l'aider. Elle va lui présenter des gens.

Bizarrement, alors que le moindre soupçon de communisme déclenche une enquête du FBI, la curiosité de la police, les foudres de l'administration américaine et l'opprobre des voisins, Oswald n'est pas inquiété. Il est rouge, c'est entendu, semble-t-il, mais libre d'aller et venir. Il est revenu du Froid, comme un touriste banal. Or, en 1962, le tourisme banal n'existe pas, entre l'Est et l'Ouest. Il est donc protégé ? Par qui ? Lee Harvey Oswald, comme son héros Philbrick, est-il un « honorable correspondant » ?

Mais un correspondant minable, au bas de l'échelle. La preuve : il n'a jamais d'argent. Il ne touche même pas la paie de base d'une taupe de troisième classe. C'est un OS de l'espionnage ? Plus probablement : il s'y croit. Il n'est rien, il aimerait être quelque chose. Ou quelqu'un.

Ce vendredi 22 novembre, Oswald s'est levé de bonne heure. Il se verse une tasse de café Maxwell – « bon jusqu'à la dernière goutte », assure la publicité – et, en silence, regarde sa femme qui somnole. Toutes les nuits, à intervalles réguliers, Marina Oswald allaite le bébé, June. Elle est fatiguée. Son mari murmure : « Reste au lit. » Elle ouvre les yeux : elle voit son époux déjà vêtu, blouson beige, pantalon gris. Il s'approche de la commode et dit : « June, peut-être, se souviendra de moi. » Marina ferme les yeux. Son mariage est un cauchemar. Elle est souvent seule, abandonnée, sans argent, et, quand elle est avec lui, elle est battue. Quelle vermine ronge cet homme ? Il n'habite même pas avec elle, il loue une chambre à Oak Cliff, à l'autre bout de la ville. Il se déplace en bus ou profite de la voiture d'un copain. Quand il est avec sa famille, il est de mauvaise humeur : il crie, il interdit à sa femme de parler anglais, il évite sa mère, et, la nuit, délaisse sa femme. Parfois, il pleure. D'autres fois, il rage.

Elle ne le voit pas enlever son alliance, qu'il dépose dans une soucoupe. Il fait de même avec son portefeuille. Elle trouvera 170 dollars dedans. Il s'en va donc ?

Lee Harvey Oswald est un pauvre hère. Il n'a jamais connu son père, un assureur mort d'une thrombose coronaire deux mois avant sa naissance. Né le 18 octobre 1939 à La Nouvelle-Orléans, l'enfant a vécu des années dans les jupes de sa mère, Marguerite Claverie Oswald. En 1945, celle-ci a épousé un ingénieur, Edwin A. Ekdahl, qui s'est littéralement enfui trois ans plus tard, épuisé par les demandes d'argent incessantes, le mauvais caractère et la folie hargneuse de cette femme. Avec son frère Robert et son demi-frère John Pic, né d'un lit précédent, Lee Harvey a été ballotté d'école en école, de classe en classe, de ville en ville. Sur un caprice de Marguerite, toute la famille s'est installée dans le pire quartier de New York, le Bronx, zone de guerre. Un jour, le petit Lee Harvey sort un couteau de sa poche et la menace : elle désire regarder une autre chaîne de télé que lui. Il sèche les cours, traîne au zoo, admire les lions déchiqueter des demi-bœufs, s'assied dans le métro. Les psys, les éducateurs, les spécialistes le soupèsent : il a un QI de 118, légèrement supérieur à celui d'un gamin de son âge, mais n'a aucun cadre, aucune discipline, aucun horizon, aucun modèle sinon celui de Herbert Philbrick, dont il regarde sans cesse les épisodes de *Trois vies*. À seize ans, de retour en Louisiane, il s'engage dans les marines. Il est trop jeune ? Peu importe, il se fabrique de faux papiers. N'importe quoi pour s'éloigner de sa mère. Même Robert Oswald, le frère aîné de Lee, n'en peut plus. Il s'est installé, avec sa femme et ses enfants, à Denton, cinquante kilomètres au nord de Dallas. Marguerite est une femme dont il faut s'éloigner : on la presse, il n'y a que du fiel qui sort. Elle écume constamment. Le monde est injuste. Les gens sont des salauds. Les routes sont sales. Les maris sont laids. Les enfants sont ingrats. Bref, l'enfer, c'est totalement les autres.

L'ennui, pour Lee Harvey Oswald, c'est que la vie militaire exige de la discipline. Il est maladroit, grognon, hérissé. Les autres bidasses l'agacent, le charrient, se moquent. En juillet 1957, il est envoyé à la base d'Atsugi, au Japon. C'est de là que partent les avions espions U-2 qui survolent l'URSS. Le U-2 est le fin du fin en matière de technologie. Oswald, lui, est opérateur radar. Rien de très secret. À l'entraînement, il est classé comme bon tireur. Pas exceptionnel, dans la moyenne. Mais c'est une curieuse recrue : il ne traîne pas avec les autres soldats, il est solitaire, se promène avec une arme de dame, un Derringer grand comme une savonnette, puis se bagarre avec un sous-off. Il lit Marx, Engels et Lénine. Il prend des cours de russe. Ceux-ci sont prodigués par l'ONI, l'Office of Naval Intelligence. L'équivalent de la CIA, version maritime. Lee Harvey devient, pour les autres, « Oswaldovitch ».

Marx chez les marines ?

Pas très discret. Autant chanter *L'Internationale* dans un séminaire du FBI. En 1959, c'est une façon comme une autre d'être considéré comme un salaud d'anti-américain. Ou de se singulariser. Au Japon, Lee Harvey rencontre sa cousine, Marilyn Murret, par un heureux hasard. Celle-ci est la fille de Charles « Dutz » Murret, l'oncle de Lee, sexagénaire sympathique, qui a des activités illégales à La Nouvelle-Orléans. Dutz est bookmaker, dans l'organisation de Carlos Marcello. Cet ex-boxeur a d'abord été docker, puis a travaillé pour un truand, Sam Saia, avant de devenir un petit soldat dans la « famille » Marcello. Lee Harvey l'aime bien. Quant à Marilyn Murret, elle travaille pour la CIA.

Oswald est de plus en plus frustré. Personne ne reconnaît sa valeur ? L'Amérique est pourrie ? Les Russes sont des démons ? L'URSS est peuplée de créatures qui veulent le bonheur du travailleur ? Il se débrouille pour être démobilisé et file. Marilyn Murret, semble-t-il, lui donne des contacts utiles pour passer à l'Est.

Oswald quitte l'armée en septembre 1959. Le 1er mai 1960, le U-2 de Francis Gary Powers, pilote chevronné, est abattu par un missile soviétique SA-2. L'Amérique est humiliée. Powers est fait prisonnier. Khrouchtchev se moque, ouvertement, du président Eisenhower. L'URSS a marqué un point.

Marguerite Oswald, mère insupportable, reste seule. Personne ne veut d'elle. Elle a la séduction d'une roulette dentaire. Elle nargue les voisins, porte des lunettes en ailes de papillon, bave sur tous les gens qui croisent son chemin, exige d'être traitée comme une princesse, parle sans cesse d'un ton de petite fille outrée, assure que son fils est un agent du « gouvernement fédéral » et fait fuir tous les gens dans un rayon de cent mètres. Cette femme-là serait capable d'asphyxier les plantes de son jardin, à force de parler. Comment réussit-elle à séduire Sam Termine, un ex-haltérophile, garde du corps et chauffeur occasionnel de Carlos Marcello ? Mystère total. Même quand le fils revient d'URSS, il évite sa mère.

Oswald s'achète un revolver Smith & Wesson 38 et un fusil Mannlicher-Carcano, par correspondance. Pourquoi par correspondance ? Drôle d'idée. Au Texas, il suffit d'entrer dans un magasin et d'acheter une arme, avec la lessive, le jambon en conserve, et les bouteilles familiales de Coca. L'achat peut facilement rester anonyme. Par correspondance, il laisse une trace. Il est vrai que Lee Harvey a pris la précaution de remplir le bordereau avec un faux nom : A. Hidell. Mais pourquoi ?

Il est comme le Petit Poucet. Il sème des cailloux pour retrouver son chemin ?

Marina est aux États-Unis depuis dix-sept mois. Elle ne comprend pas. Son mari passe la semaine loin d'elle, sous une fausse identité. Elle rêve d'une machine à laver, et se repose sur Ruth Paine, sa logeuse, avec laquelle elle peut communiquer en russe.

Ce jour-là, elle est pensive. La nuit, elle a tenté de se

rapprocher de lui. Il l'a écartée. Il part, sans l'embrasser, se contenant d'un : « Bye. »

Où va-t-il ? Il y a six mois, il a ainsi disparu, pour assassiner quelqu'un. En avril, une nuit, il s'est approché, sous le couvert de l'obscurité, de la maison de l'ex-général Walker, l'énervé d'extrême droite. Soutenu et financé par H. L. Hunt, le millionnaire texan de Dallas, Walker se répand, depuis des semaines, à la radio et à la télé. Il en appelle aux armées de Jésus de Nazareth, aux anges du Texas, aux citoyens purs, aux électeurs de McCarthy. Il faut se battre, dit-il, contre la déségrégation, qui est soutenue par l'Antéchrist ! Comme pendant la guerre en Europe ! La Cour suprême a rejeté l'obligation de la prière quotidienne dans les écoles ! Les communistes sont dans nos écoles, ils préparent sûrement des bombes à la poudre noire dans des aspirateurs Tornado, comme à la télé ! Inculpé de sédition, le général félon a même été interné en hôpital psychiatrique pendant cinq jours, sur les ordres du démon papiste Robert F. Kennedy. Depuis sa libération, Walker braille sur toutes les ondes qu'il faut « liquider les cancrelats cubains ».

Lee Harvey Oswald voit le général assis dans sa salle à manger, seul. La distance qui les sépare est d'une trentaine de mètres. Oswald vise. Le Mannlicher-Carcano, dans la catégorie des armes à feu, est l'équivalent d'une sarbacane tordue. Pas de précision, pas de puissance, presque pas d'utilité. L'armée italienne en était équipée en 39-45, c'est dire.

Le résultat est attendu : la balle touche la croisée de la fenêtre, et seuls des fragments égratignent l'avant-bras de Walker. Pour ce dernier, c'est la preuve irréfutable qu'un complot le vise. Pour Oswald, c'est un échec de plus.

Sauf que…

Sauf que les voisins ont vu une voiture. Or, Oswald ne conduit pas. Il y a donc un complice ? En rentrant, Oswald brûle des papiers dans la baignoire, se justifie et demande à sa femme : « Si quelqu'un avait tué Hitler avant la guerre, que se serait-il passé ? » La police ouvre une enquête, mais à quoi bon ? Il n'y a pas mort d'homme. Marina Oswald racontera plus tard ce qui s'est passé.

Dans la foulée, Lee Harvey écrit au secrétaire général du Parti communiste à New York, pour demander… quoi ? D'être pris au sérieux ? Il ne sera jamais encarté au PC.

L'ex-général Walker finira mal : en 1976, âgé de soixante-six ans, il sera arrêté pour indécence dans un jardin public. Son crime ? Il a tripoté un flic en civil. Il récidivera un an plus tard, fourrageant la braguette d'un viril policier, dans des pissotières. Il mourra d'un cancer, en 1993, oublié, balayé par l'Histoire. On apprendra plus tard que son haut fait d'armes, en 1944, est d'avoir libéré Porquerolles et Port-Cros, dont « la garnison allemande aurait pu menacer les arrières de l'armée américaine ». Walker, le chevalier Bayard de la Croisette.

Dehors, Lee Harvey Oswald se dirige vers la vieille Chevrolet de son voisin, Wesley Buell Frazier. Celui-ci a dix-neuf ans, et travaille dans le même entrepôt qu'Oswald, le Texas School Book Depository. Les deux hommes partent ensemble, effectuent le trajet – un petit quart d'heure – en bavardant. Il est 7 h 20, et, légèrement en avance, Oswald dépose un paquet sur la banquette arrière de la voiture, avant de s'installer devant. Wesley Frazier le rejoint, s'assied derrière le volant et demande ce qu'est ce paquet. Long d'une soixantaine de centimètres, enveloppé dans du papier kraft entrecollé, le colis est tout en longueur.

– Ce sont des tringles à rideaux pour ma chambre, répond Lee.

– Tu n'as pas ton déjeuner avec toi ?

– Non, aujourd'hui, je vais déjeuner à la cafétéria.

La voiture démarre poussivement. Le job des deux hommes est fastidieux : ils collationnent les commandes des écoles, vont chercher les livres au cinquième étage, les descendent par le monte-charge et les préparent pour la livraison. Il y a quatre-vingt dix employés, qui circulent dans cet immeuble sans grâce, tout en brique, surplombant Dealey Plaza, là où s'élève la statue en bronze du vieux Dealey, le père de l'actuel propriétaire du *Dallas Morning News*.

Personne ne remarque vraiment Oswald, qui est un garçon silencieux. Quand le contremaître, Roy Truly, passe, Lee Harvey se contente de le saluer poliment, en ajoutant : « Sir », à la façon sudiste. Ce matin-là, devant le bâtiment, les gens commencent à s'assembler. Ils attendent le passage du Président. C'est un moment historique, après tout. Oswald se contente de demander : « Il arrivera par où ? » et reprend son travail, qui lui a été procuré par un ami de Ruth Paine, George de Mohrenschildt, qui vient souvent, accompagné de sa femme Jeanne LeGon. Celle-ci est née à Harbin, en Mandchourie, et voue une haine sans limite aux communistes, chinois ou russes, qui ont noyé la ville dans un fleuve de sang. Mohrenschildt, lui, a un pedigree digne d'un roman de Le Carré : il parle cinq langues, a eu quatre épouses et a traversé tous les continents. Il est à la solde de la CIA, évidemment.

Ces dernières semaines, Lee Harvey Oswald a semé des cailloux partout. D'abord, il a été employé dans une brûlerie de café à La Nouvelle-Orléans, puis il a été arrêté pour avoir fait de la propagande pour le Fair Play for Cuba Committee, organisation fantomatique. Surveillé par le FBI, la CIA et toutes les autres agences, il est entré en contact avec des croisés anticastristes, dont Carlos Bringuier, membre du Directorio Revolucionario Estudiantil (DRE), un club de fanatiques portés par la haine qu'ils vouent à Castro. Oswald, en outre, utilise un petit local sur Camp Street, qui correspond avec les bureaux d'un détective privé, Guy Banister.

Celui-ci est un forcené de l'anticommunisme, membre des Minutemen et de la John Birch Society, ami du général Walker. Ainsi, après avoir essayé de tuer Walker, Oswald fréquente l'un de ses sbires ? En plus, Banister est lié à des exilés cubains, qui ne rêvent que d'une chose : trouer la peau de Fidel. Armés, entraînés, ceux-ci considèrent que JFK est un traître absolu, un insecte nuisible. À peine élu, il a fait échouer l'attaque de la baie des Cochons, qui devait provoquer la chute de Castro. Banister se livre au trafic d'armes, est en relation avec l'OAS en France, participe à des camps d'entraînement secrets en Floride, emploie souvent David Ferrie, un pilote chauve et homosexuel, travaille pour un avocat dont le client le plus célèbre est Carlos Marcello, le truand vénéneux de La Nouvelle-Orléans. Banister ne peut évidemment tolérer un marxiste dans sa boutique. Or, c'est précisément là qu'Oswald imprime des tracts pro-Cubains.

Plus troublant : l'officine de Banister se trouve au carrefour des espions. Les bureaux du FBI, ceux de la CIA, de l'ONI (Office of Naval Intelligence) sont à portée de main. Oswald le marxiste-léniniste est planté au beau milieu du quartier des barbouzes US. Quand il se met à distribuer ses tracts pour soutenir Fidel, c'est comme s'il braquait un projecteur sur lui. Et s'il est toléré dans ce nid de faux-nez, il y a une raison.

Comme Philbrick, il mène des vies parallèles.

Ramassé par la police pour « trouble à l'ordre public », Oswald déclare que son Fair Play for Cuba Committee est fort de trente-cinq membres. Mensonge : il est seul. Il est libéré, la caution ayant été versée par un associé de tonton Dutz Murret.

En sortant, Lee Harvey Oswald se replonge dans ses

lectures favorites, la littérature marxiste – il lit une biographie de Mao – et les aventures de James Bond.

Il se trouve que 007 est le héros favori de JFK. Et de Khrouchtchev, qui, en secret, a des plaisirs coupables.

Fin septembre 1963 : Oswald prend le bus, avec ses derniers sous, pour le sud. Direction : Mexico. Chemin faisant, dans le car, il lie connaissance avec John Howard Bowen, un drôle de vagabond. Celui-ci a plusieurs identités : John Osborne, Albert Alexander, John Grossi. Il prétend être missionnaire et revenir d'Espagne. En fait, c'est un escroc, qui, pendant la guerre, a été un admirateur de Hitler. Les deux hommes bavardent, un courant de sympathie passe.

Vingt-quatre heures plus tard, Oswald est à Mexico. Là, il demande un visa pour aller à Cuba. L'ambassade cubaine, surveillée vingt-quatre heures sur vingt-quatre par la CIA, tergiverse. On le renvoie au consulat soviétique. Les Russes lui font comprendre qu'il doit obtenir l'autorisation des Cubains. Pendant cinq jours, il est traité comme un vulgaire immigré à la préfecture de Paris : renvoyé d'un guichet à l'autre, ballotté, il lui manque toujours un papier, une autorisation, un interlocuteur. Pourquoi veut-il aller à Cuba ? Pour soutenir la glorieuse révolution castriste. Le jeu de ping-pong continue : on le voit sans cesse dans les deux délégations diplomatiques, à tel point qu'on commence à se demander s'il n'est pas double. A-t-il un jumeau, un sosie, un décalque ? Le 3 octobre, après avoir piqué une colère mémorable chez les Cubains, il rentre à Dallas, toujours en bus. En son absence, un agent du FBI, James Hosty, vient interroger, mollement, Marina Oswald. Après tout, elle est soviétique. Rien à signaler. Sinon qu'Oswald, rendu enragé par cette visite intempestive, laisse un mot au bureau de Hosty : « Laissez ma femme tranquille. Sinon, je saisirais les autorités compétentes. » Le G-Man jette la note.

Lee Harvey se plaindrait bien auprès de George de Mohrenschildt, mais celui-ci est parti s'installer en Haïti, pour une mission géologique fumeuse. Il est question de renverser Papa Doc, le dictateur de Port-au-Prince, d'établir une base anticastriste à quelques minutes de vol de Cuba, de bâtir un complexe hôtelier, avec plusieurs casinos. La Mafia suit la situation de près. Carlos Marcello et Santo Trafficante rêvent d'investir l'île. Ils y fabriqueraient une machine à dollars, avec bars, bordels, tables de jeu, tourisme et vices en option, comme à La Havane, avant que cette ordure de Castro ne vienne tout balayer et ne s'empare, pour son bénéfice, du trafic de poudre blanche. Mais Papa Doc, le noiriste fou, le tyran qui jette des sorts vaudous, sera-t-il d'accord ?

Et, surtout, est-ce que Robert Kennedy, le petit frère du Président, Attorney General des États-Unis, laissera faire ?

Au Texas School Book Depository, Oswald travaille. Depuis le 16 octobre, date de son engagement, il n'est devenu l'ami de personne, n'a jamais échangé plus de deux phrases. Juste avant, il a été brièvement employé dans une firme photographique, Jaggers-Chiles-Stovall. Là, il a retrouvé un compagnon de route, John Grossi – le faux missionnaire du bus pour Mexico. Le monde est petit.

Depuis, Lee Harvey empile des livres au Book Depository. Il en lit, aussi. Récemment, il a emprunté à la bibliothèque municipale *Portrait d'un président* de William Manchester, et *Le Nil blanc* d'Alan Moorehead : « Le Nil est immuable. Il s'écoule aujourd'hui comme de toute éternité… »

L'éternité de Lee Harvey Oswald va être de courte durée.

Dans la grande partie d'échecs qui se joue, il n'est qu'un pion.

CHAPITRE 5

Kennedy n° 3

Les Johnson sont partis en avance. La distance entre Fort Worth et Dallas est insignifiante, certes, mais franchement, voir le président des États-Unis et sa femme descendre l'échelle de coupée à l'aéroport de Love Field, c'est spectaculaire et, en ce qui concerne la sécurité, c'est plus efficace. L'avion a donc supplanté l'automobile. La mise en scène est simple : Lyndon et Lady Bird Johnson, au sol, vont accueillir les Kennedy comme s'ils s'étaient perdus de vue depuis dix ans. Le maire de la ville sera accompagné de sa femme, qui aura les bras chargés de fleurs, des roses rouges pour Jackie, afin de se démarquer de l'image traditionnelle du Texas, dont l'un des symboles est la rose jaune. Car c'est une « Yellow Rose » – c'est ainsi qu'on nommait les métisses – qui a permis la défaite du général Santa Anna, en 1836 : Emily D. West, une esclave affranchie, était en train de satisfaire le Mexicain quand Sam Houston attaqua avec ses troupes. La bataille fut gagnée par l'Américain en dix-huit minutes.

Désormais, le Texas était une république indépendante, grâce à une négresse inspirée.

Offrir des roses jaunes à Jackie aurait été un tantinet insolent.

Le vol doit durer une quinzaine de minutes. Air Force One, l'avion du Président, strictement identique à Air Force Two, l'appareil du vice-président, est un jet. On est désormais à l'âge des turbines à réaction, du mur du son, de la conquête de la Lune, il convient de le montrer. Air Force One est un Boeing C-137 Stratoliner, dont l'intérieur a été aménagé par Raymond Loewy, le designer du logo Shell, de la Studebaker Avanti, du briquet Zippo, du réfrigérateur Frigidaire, des locomotives PRR, de la marque de cigarettes Lucky Strike. Loewy serait capable de transformer un chasse-neige soviétique en gondole vénitienne. L'avion est pourvu d'une chambre à coucher et d'un bureau. C'est là, souvent, que JFK tient ses réunions stratégiques avec ses conseillers irlandais et avec son frère Bobby. Ce dernier, outre ses fonctions de ministre de la Justice, assume aussi les responsabilités de ministre de l'Intérieur et, officieusement, est un ministre des Affaires étrangères entreprenant. Il est donc un vice-président de fait. Lyndon Johnson, dont le rôle est celui d'une potiche, le hait.

Avec JFK, il y a son complice irlandais, Kenny O'Donnell ; le député Albert Thomas ; le valet George Thomas ; les conseillers Larry O'Brien, David Powers et le général McHugh. Au total, une trentaine de personnes. Les deux secrétaires de Jackie, Mary Gallagher et Evelyn Lincoln, font bande à part.

Kennedy décide de se changer. Au même moment, Richard Nixon quitte Dallas, par le vol American Airlines 82, en direction de New York. Plus tard, il dira qu'il ne se souvient plus de cette journée. Il est bien le seul Américain avec pareil trou de mémoire. Mais comment le croire ? C'est un menteur compulsif, comme Johnson. Ainsi que le dit JFK : « Comment je sais qu'il ment ? Ses lèvres bougent. »

La voiture présidentielle, une Lincoln Continental, attend déjà à l'aéroport, depuis la veille. C'est un paquebot : il y a sept places dont deux strapontins, placés légèrement plus bas que la banquette arrière. Une main courante a été soudée derrière le chauffeur, permettant au Président et éventuellement à ses invités de marque de se mettre debout pour saluer. On a aussi placé des marchepieds et des poignées à l'arrière, sur le coffre, pour le Secret Service. Pendant ce temps, le capitaine Will Fritz, chef de la section homicides de la police de Dallas, inspecte le Trade Mart : toutes les entrées sont gardées, les invités ont été triés. Il n'y aura pas d'incident semblable à celui dont a été victime Adlaï Stevenson. Pas de protestataires, pas de panneaux, pas de manifestations. La bonne réputation de Dallas est en jeu. Fritz, avec ses lunettes et son Stetson, n'est pas homme à se laisser marcher sur les pieds. Flic depuis 1921, il connaît la musique. Comme tous les Texans, il a une conception toute personnelle de la justice. À Washington, ils ont leurs règles. À Dallas, nous avons les nôtres. Résultat : 98 % de meurtres résolus. Fritz en est fier. Sa force ? Il connaît la ville. Informateurs, confiance, relations personnelles, voilà le savoir-faire. Au besoin, un petit tabassage. Là où Fritz est plus réticent, c'est devant les nouvelles méthodes modernes : quand il voit les gars du FBI sortir leurs gimmicks de technocrates, il sourit. Ainsi, ces histoires de paraffine : depuis peu, on a découvert que chaque tir dépose sur les mains du tireur (s'il s'agit d'une arme de poing) ou sur son visage (s'il s'agit d'un fusil ou d'une carabine) des résidus de plomb, d'antimoine et de baryum. Ces résidus sont indissolubles dans l'eau, et le lavage ne les efface pas. Ces métaux lourds s'incrustent dans la peau, et il suffit d'y couler de la simple paraffine, puis de l'analyser, pour prouver s'il y a eu tir ou non. De plus, les résidus demeurent plusieurs jours après les faits. Magique.

Détecteur de mensonges, paraffine, analyses chimiques… Fritz ne conteste pas. Mais il travaille à sa manière, celle des « good ol' boys ». Son point fort : les interrogatoires. Là, il est très bon. Il ne hausse pas le ton, il bavarde, il établit un mélange de chaleur et de coercition, les gars parlent. Fritz ne procède pas selon les nouvelles lignes de conduite, avec notation en sténo de tout ce que le suspect raconte, non. Il passe du temps avec le gars, le laisse, revient, cause des cultures, de la famille, du temps, détaille les faits, recommence et, seulement quand le suspect a été bien cuisiné, l'interrogatoire administratif commence. À ce moment-là, on couche tout sur le papier, mais pas avant.

À Washington, la journée s'annonce bien. Edward, le plus jeune Kennedy, vient d'être élu au poste de sénateur du Massachusetts, et s'apprête à occuper le perchoir, privilège réservé aux bizuths. Un peu moins tranchant que ses frères, avec une nette tendance à prendre du poids, Ted Kennedy a hérité de la même propension à séduire toutes les filles qui passent. Il a d'ailleurs tenté sa chance auprès de Marilyn, après JFK et RFK. Les Kennedy ne sont pas une famille, mais une meute. Quand un adversaire attaque l'un, il se trouve face à trois. Le père, Joe, est désormais hors du coup. Il est paralysé depuis un an, et ne peut prononcer qu'un seul mot : « No. » Il s'en sert beaucoup.

Bobby Kennedy, lui, a convoqué ce matin toute sa troupe. Il prend très au sérieux son rôle d'Attorney General. Sa formation de juriste est sommaire, et sa carrière politique a débuté dans l'ombre de Joseph McCarthy, le plus odieux politicien des années 50, pour lequel la famille Kennedy a une certaine tendresse. D'ailleurs, McCarthy est le parrain de Kathleen, la première fille d'Ethel et Robert Kennedy. Après, indécis, ce dernier a travaillé avec le sénateur McClellan dans la commission d'enquête sur la corruption dans les syndicats. C'est là qu'il a affronté, pour la première fois, Jimmy Hoffa, l'indestructible patron des Teamsters. Les deux hommes se vomissent. C'est une haine au fer rouge, inextinguible. Robert

Kennedy a aussi questionné, en public, Sam Giancana, le parrain de Chicago. En 1957, il l'a humilié devant les caméras en le traitant de « fillette ». Giancana a laissé passer l'insulte. Mais ne l'a pas avalée. Car Giancana est un ami – un associé, même – de Joe Kennedy. Il sait où sont enterrés les cadavres.

C'est là que le bât blesse.

Car Bobby ne sait-il pas que la campagne de son frère, en 1960, a été largement financée par les porteurs de valises de Giancana ? Que les liens qui unissent la famille Kennedy et la Mafia sont puissants ? Que Judith Exner Campbell, la maîtresse de Giancana, a aussi partagé le lit de son frère ?

Ou feint-il de l'ignorer ?

En tout cas, depuis qu'il est au pouvoir, RFK s'est trouvé une mission : éradiquer la Mafia. Il est l'Attila de la truanderie, le Terminator de la pègre. Il veut la peau de Jimmy Hoffa, de Meyer Lansky, de Sam Giancana, de Santo Trafficante, de Vito Genovese, de Frank Costello, de Carlo Gambino, de Tommy Lucchese, de Joseph Aiuppa, de Paul Castellano, de tout le monde. Place nette. Il a la volonté et la rage. En plus, il a trente-huit ans – il vient de fêter son anniversaire, en compagnie de Gene Kelly, venu faire un peu de claquettes – et une énergie insensée. Depuis qu'il est devenu Attorney General, il a fait ouvrir six cent quatre-vingt-trois dossiers, a obtenu six cent dix-neuf inculpations et a institué un « Top Hoodlum Program » (le hit-parade des voyous) et un

« Get Hoffa Squad » (une équipe uniquement consacrée à la traque de Hoffa).

Il a une qualité : c'est un Kennedy.

Il a un défaut : c'est un Kennedy.

Né dans une famille richissime – on estime la fortune de son père à 40 millions de dollars, soit 400 millions de dollars du XXIe siècle –, Robert Kennedy n'accepte pas qu'on lui résiste. Il est le protecteur, le garant, le serviteur, le contremaître, l'exécuteur des hautes et basses œuvres de son frère. Gagner, c'est ce qu'on lui a enseigné. À la balle au prisonnier, aux échecs, au tribunal ou au tir forain, il doit être vainqueur. Dents de lapin, mentalité de fox-terrier, il mord. Chemise dépenaillée, cravate desserrée, il manifeste un mépris total des conventions. À Robert Lovett, ex-secrétaire d'État à la Défense, un diplomate de la vieille école qui fait antichambre, il fait signe en disant : « Hep, vous, là ! » Aux visiteurs qui viennent le voir dans sa maison de Hickory Hill – dont l'entrée s'orne d'un panneau : « Les intrus seront mangés » – il désigne fièrement ses animaux : onze chiens dont un gros terre-neuve lippu nommé Brumus, des dizaines de chats, des poules, des lapins, un lama – qui, tous, entrent et sortent de la demeure, semant au passage des bouses dans le salon et des flaques dans la cuisine, que les dix-sept domestiques épongent. D'ailleurs, les bêtes mangent souvent dans les assiettes des convives, sans façons. La maîtresse de maison, Ethel Skakel, épouse Kennedy, ne se formalise pas : elle est habituée à vivre dans le désordre, avec des enfants qui courent partout et poussent les invités dans la piscine, par surprise. Tout le monde trouve ces blagues hilarantes. Jusqu'au jour où, dans une soirée mondaine, un homme paralysé, bousculé avec son fauteuil roulant, manquera de se noyer. L'humour s'exerce invariablement aux dépens des autres.

Robert Kennedy ne fume pas, ne boit pas, n'a jamais d'argent sur lui. On ne lui connaît pas de maîtresse, ce qui ne l'empêchera pas d'apprécier Marilyn Monroe et, plus tard, d'avoir une liaison avec Jackie. Mais, en attendant, le catholicisme strict règne : les couples non mariés ne sont jamais invités chez Robert Francis Kennedy. Jamais. Inutile de préciser qu'il est ardemment homophobe. S'il avait vécu sous l'Inquisition, il aurait fourni les allumettes, allumé le bûcher, tisonné les braises.

De plus, c'est un homme tranchant, qui n'a pas la moindre idée de la façon dont la plus grande partie du monde vit. En visite en Asie centrale, il note simplement que le caviar est sale, le socialisme dangereux, les soins médicaux épouvantables et les femmes immorales. Désordonné, il perd sans cesse ses dossiers et sa paperasse, et blâme ses collaborateurs. C'est un politicien qui n'a jamais eu affaire aux électeurs, n'a pas fait de service militaire, et ne connaît pas le sens du mot « merci ». Il ne demande jamais rien. Il est comme sa mère, Rose : il exige. Moyennant quoi, il travaille dix-huit heures par jour, ne supporte pas la paresse, prie quotidiennement. Il est dévot.

Ce sont les pires.

L'un de ses ennemis les plus résolus est le patron du FBI, J. Edgar Hoover, lequel aime les égards, jalouse son pouvoir qu'il pense éternel, et veille à son pli de pantalon. Pour son malheur, Hoover a Bobby Kennedy comme voisin de bureau. Voir ce gamin mal élevé passer avec son chien qui pisse sur les paillassons le rend enragé. D'ailleurs, pour savoir ce qui se passe, Hoover a fait installer des micros dans le bureau de l'Attorney General. Lequel lui a rendu la politesse. Les deux hommes s'espionnent mutuellement. Hoover, parfumé à la lavande, manucuré, les cheveux teints et les joues discrètement maquillées, tient soigneusement à jour ses dossiers, et fait chanter tous les politiciens de Washington, dont il connaît les vices, les maîtresses voire les gigolos, et les comptes en banque. Robert Kennedy, quand il parle de J. Edgar, demande à la cantonade si celui-ci « s'accroupit quand il pisse ». Car Hoover vit en ménage avec un de ses subordonnés, Clyde Tolson, qui partage ses responsabilités, ses loisirs, ses passions et ses petits déjeuners.

Par malchance, Robert Kennedy, né en 1925, est le supérieur hiérarchique de Hoover. Celui-ci est en poste depuis 1924.

Mais Hoover durera plus que son ministre – et que huit présidents des États-Unis.

Ce 22 novembre 1963, l'Attorney General a réuni une quarantaine de collaborateurs dans son bureau. Tandis que son frère choisit une chemise bleue, dans Air Force

One, Robert Kennedy va droit au but. L'ordre du jour : la corruption politique et le destin de Sam Giancana. Il y a là des avocats, des conseillers, des enquêteurs. Tous n'ont qu'une ligne d'horizon : la Mafia. Depuis des années, J. Edgar Hoover nie l'existence du crime organisé. Il y a des voyous, certes, il y a des subversifs, des gauchistes, des vicieux, des gangsters, mais la Cosa Nostra ? Un fantasme. Robert Kennedy, en revanche, a fait donner la garde. Depuis qu'il a été nommé par son frère, il tire dessus à boulets rouges. Hoover considère que c'est un empiètement inacceptable, et trépigne. Il le répète : la Mafia n'existe pas. Manque de chance : un événement majeur vient de provoquer la déconfiture du patron du FBI.

L'affaire Valachi.

Le 22 juin 1962, au pénitencier d'Atlanta, en Géorgie, à sept heures du matin, le détenu 82811, Joseph Valachi, se saisit d'un tuyau de fonte, se précipite sur un autre prisonnier et transforme le crâne de celui-ci en bouillie sanglante. Le type, explique-t-il, était là pour lui faire la peau. Pourquoi ? Parce que Valachi, petit trafiquant d'héroïne, en sait trop. On a déjà essayé de le tuer trois fois depuis sa condamnation. Du coup, il décide de tout balancer aux flics. Officiellement. Sous serment.

Pour la première fois, un soldat de la Mafia va décrire le fonctionnement de la pieuvre. Les confidences de Valachi provoquent un scandale immense. Ainsi, la justice américaine, la police et les institutions ont ignoré cette multinationale du crime ? Jamais le public n'a entendu le terme : « Cosa Nostra », notre chose. C'est une véritable armée : il y a des unités, qu'on nomme des « familles ». Chaque famille a ses officiers, ses sous-officiers, ses sergents, ses ordonnances, ses bidasses. Il y a des parrains, des capos, des sous-capos, des équipes, des nettoyeurs, des chauffeurs, des gardes du corps, des fourgues, des videurs, des coursiers, des guetteurs, des corrupteurs, des trafiquants. Valachi appartient à la famille Genovese, à New York, dirigée par Vito Genovese, le boss en haut de la pyramide. Il sait de quoi il parle.

Chaque cité a sa famille : Boston, Buffalo, Chicago, Cleveland, Detroit, Kansas City, Los Angeles, Newark, New York, Philadelphie, Pittsburgh, San Francisco. Las Vegas est à tout le monde. Dans le Sud, il y a Tampa, sous la coupe de la famille Trafficante, et La Nouvelle-Orléans, dirigée par les Marcello. Les boss ont tous des fausses barbes ; ainsi, Vito Genovese est officiellement ferrailleur. Valachi, restaurateur. Marcello cultive des tomates. Le système est partout le même. Lorsque les leaders sont convoqués devant la justice, ils répondent invariablement : « Je refuse de répondre, car ma réponse pourrait m'incriminer. » Le 9 septembre 1963, Joe Valachi est transporté par hélicoptère pour témoigner devant la commission McClellan. Les débats sont télévisés. L'Amérique entière est rivée dessus. Finalement, quand tout l'organigramme de la Mafia est exposé, après plusieurs jours de témoignage, on passe aux questions. Le sénateur Carl Curtis, un Républicain bon teint, farouchement opposé à Roosevelt et à Kennedy et soutien déclaré de Nixon, demande des précisions sur la structure de la Mafia à Omaha, Nebraska, ville dont il est le délégué. Valachi se trouble. Consulte son avocat, en mettant sa main devant sa bouche. Sans doute, il va faire des révélations importantes. On attend.

Le témoin, alors, se tourne vers les membres de la commission. Et on l'entend demander :

– Putain, c'est où, Omaha ?

L'ennui, c'est que le détenu assassiné à coups de tuyau, Joseph Saupp, n'avait rien à voir avec la Mafia. C'était juste un petit faussaire, un indépendant. Valachi est donc condamné à nouveau, et terminera sa vie comme n'importe quel boutiquier véreux : crise cardiaque, en prison, le 3 avril 1971.

Mais, en attendant, le 25 septembre 1963, Valachi balance Anthony Accardo de Chicago, Anthony Provenzano du New Jersey, Carlos Marcello de La Nouvelle-Orléans, Carmine Lombardozzi de New York, Angelo Bruno de Philadelphie, Anthony Giacalone de Detroit, Joseph Glimco de Chicago.

Le déclin – et le roman – de la Mafia commence.

Brumus dort. Le gros chien se nourrit de tartines de fromage que lui tend son maître, habituellement. Pendant la réunion, dans le bureau de JFK, il ronfle et bave. Il est l'un des rares animaux tolérés par Kennedy mère, Rose. Pourquoi aime-t-elle cette bête ? Nul ne le sait. Robert, son avant-dernier fils, tient beaucoup d'elle. Quand elle a perdu son premier-né, Joseph Jr, pendant la guerre, elle a souffert. Quand sa fille Kathleen, dite « Kick », adorée par JFK, est morte en avion en France, Rose Kennedy n'est pas allée à l'enterrement : Kick avait épousé un… un… protestant, elle était donc damnée, inutile de se déranger. Quand Rose a appris que sa fille Rosemary a été lobotomisée secrètement et transformée en zombie, sur instructions de Joe Kennedy, elle n'a rien dit. La passion de Rose Kennedy, c'est le silence. Elle porte sa croix.

L'infidélité de son mari ? Peu importe. Elle s'est fait payer de belles robes et a exigé une vie de luxe. Que son époux, alors ambassadeur des États-Unis à Londres, ait reçu Hermann Goering, ait déclaré que « c'est bien leur faute, aux juifs », et que Franklin Roosevelt ait décrit Joe Kennedy comme « l'un des hommes les plus mauvais que j'aie connus » ne la dérange pas. Quand il a été victime d'une attaque cérébrale le 19 décembre 1961, elle ne s'est pas dérangée pour aller le voir à l'hôpital. Elle lui a fait neuf enfants, elle a subi, c'est bien assez. Maintenant que Joe est immobilisé et qu'une infirmière s'occupe de lui, elle se venge à sa façon. Il veut regarder telle émission de télé ? Elle change de chaîne. Le paralysé beugle « Noooo » ? Elle l'envoie coucher. Il aimerait un peu de tendresse ? Elle n'en a pas, n'en a jamais eu. Il aime les côtelettes de porc ? Elle fait servir du riz à l'eau.

Elle a toujours été d'une avarice proverbiale, et s'est occupée de l'éducation des enfants à coups de ceinture, de brosse à cheveux, de cintres. Bobby a eu le tympan crevé. À la maison, elle marque les bouteilles d'alcool pour surveiller les domestiques, fait payer ceux-ci quand ils boivent du Coca, revend les cadeaux qu'on lui fait à Noël, refuse de payer le café à l'épicerie quand celui-ci augmente, ne prend jamais un taxi seule (pour partager le prix de la course), n'a pas de domestique noir, achète des ensembles de couturier qu'elle refuse de porter et, pour ne pas oublier ce qu'elle doit faire dans la journée, épingle des fiches sur sa robe. Selon ses proches, elle est « aussi émotive qu'une barre à mine ». Son visage est laid, son âme aussi.

Tous les jours, elle va à la messe le matin puis, le soir, récite ses complies. Autrefois, après chaque étreinte, elle faisait le signe de croix avant de se tourner vers le mur. Maintenant, enfin seule, la nuit, elle dit son chapelet.

Elle mourra à cent quatre ans. Le venin conserve. La religion aussi, peut-être, qui sait ?

Bobby est aussi ascétique, aussi catholique, aussi déterminé qu'elle. Pour le déjeuner qu'il a prévu dans le jardin de sa demeure, après la réunion au ministère – il fait encore assez beau, malgré la fraîcheur, à Washington –, il se contentera de sandwichs au thon, d'une soupe aux clams, et d'un café. Les invités, en l'occurrence Robert Morgenthau, procureur général du South District de New York, et son assistant Silvio Mollo, devront se plier aux usages catholiques : le vendredi, on mange maigre, juif ou pas juif. Ce vendredi, hélas, les convives n'auront guère le temps de se mettre à table.

Robert Kennedy voit le monde en noir et blanc. On est pour ou contre les Kennedy. Son arrogance et ses mauvaises manières le font souvent détester. Qu'importe ! Il agit. Lyndon Johnson le définit bien : « Bobby est un fils de pute morveux. »

À Love Field, l'aéroport de Dallas, le comité de réception est en place. Dans le ciel, aucun autre avion. Tous les appareils militaires de la région ont été consignés ou déroutés. Les pilotes individuels ont été priés de rester au sol. Les compagnies commerciales ont ajusté leurs horaires. JFK aime voler : en un an, il a franchi cent cinquante mille kilomètres, quelquefois en douce compagnie. Dans la cabine de pilotage, les nouvelles sont bonnes : le ciel s'éclaircit, la foule à l'aéroport est estimée à un millier de personnes, et cent soixante-dix-huit policiers sont placés à chaque carrefour de la ville, sur le trajet du défilé. Les autres – la police de Dallas est forte d'environ mille cent hommes – sont dispersés un peu partout, avec une forte concentration autour du Trade Mart où, selon le programme, le couple présidentiel arrivera à midi et demi. Les pompiers, les rangers, les services de sécurité du gouverneur, sans parler du Secret Service, tout le monde est sur le pied de guerre. C'est la première fois qu'un président vient à Dallas.

Pour s'assurer que tout ira bien, le chef de la police, Jesse Curry, fils d'un prédicateur baptiste, a pris une mesure drastique : tout citoyen a le droit d'arrêter quiconque se livre à un acte de désordre, de violence ou de sédition.

À Dallas, désormais, il n'y a que des justiciers.

CHAPITRE 6

Hey hey hey LBJ !

Il fait 24°, et une petite brise balaie la ville. Les arbres frissonnent. Avec le soleil, les badauds sont de sortie. Après tout, autant profiter de l'occasion. Tout le long de la route prévue pour le défilé, les gens attendent dans une atmosphère qui tient de la réunion de pom-pom girls et de la fête de saint Patrick. Il y en a qui sont assis dans l'herbe, d'autres préparent des languettes de papier à jeter par la fenêtre, les radios donnent les nouvelles, les caméras de télé sont positionnées aux endroits stratégiques, il y a même des pique-niques improvisés. Devant les magasins d'appareils électroménagers, les spectateurs se pressent pour regarder les écrans de télévision Zenith en noir et blanc. Les bureaux sont vidés. C'est comme si la ville retenait son souffle.

Par le hublot, le Président voit Dallas. Les plaines du Texas s'étendent à l'infini, tout autour. Voici la Trinity River, le fleuve qui traverse la ville ; voilà White Rock Lake, un lac artificiel immense, la fierté du Citizens Council ; on aperçoit le Parkland Hospital, un ensemble impressionnant ; à gauche, le Praetorian Building, le premier gratte-ciel, construit en 1909 ; à droite, la Republic Center Tower, un immeuble de bureaux ; et quelque part dans le fouillis des rues, il y a la Mercantile National Bank, le seul bâtiment important construit à Dallas pendant la guerre. En cherchant un peu, on peut distinguer l'Adolphus Hotel, grosse structure à toiture verte où, naguère, Lyndon Johnson s'est fait cracher dessus et où il a l'habitude de faire des siestes avec sa maîtresse en titre, Madeleine Brown.

JFK est satisfait. Il pense avoir réglé, momentanément, le conflit entre le sénateur Yarborough et le vice-président. Il reste encore une petite question de préséance à arranger : le gouverneur Connally a placé Yarborough en bout de table, près des cuisines, pour le dîner du soir. Ce dernier apprécie peu. Connally rejette la faute diplomatique sur sa femme, Nellie. Qui, en effet, déteste Yarborough. Mais, avec un peu d'insistance de la part de JFK, les choses s'arrondissent. Yarborough et sa femme seront à la grande table des hôtes. Les apparences sont sauvegardées.

Juste avant qu'Air Force One n'entame sa descente, JFK signe une dernière poignée de documents, et jette un coup d'œil sur Pamela Turnure, l'assistante personnelle de Jackie. Celle-ci finit de taper le discours de Connally, sur la machine électrique IBM de bord – une nouveauté. C'est une jolie brunette, totalement inexpérimentée, mais que le Président a imposée à sa femme pour l'avoir sous la main. Il est vrai que Pamela Turnure a les yeux verts, ressemble vaguement à Jackie, et que le Président, à l'occasion, couche avec elle.

Il parcourt un article du *Dallas Morning News*, intitulé : « Pourquoi les Kennedy sont-ils haïs ? » L'auteur, A. C. Greene, est un Texan authentique, professeur d'histoire, libraire, écrivain réputé, qui estime que l'argent des Kennedy « sent mauvais ». C'est bien dans l'esprit de Dallas : JFK n'ignore rien du rejet dont il est l'objet, et des insultes dont l'abreuvent des gens comme les millionnaires texans H. L. Hunt, Clint Murchison et leurs épigones. Kennedy sait qu'en dehors des critiques politiques – Cuba, le communisme, le Vietnam, les droits civiques – les magnats du pétrole texan redoutent l'annulation de leur passe-droit. En effet, ils bénéficient d'un allégement de taxes au titre de la diminution des ressources naturelles. Cette mesure, imposée en 1913, était alors modeste : les producteurs avaient le droit de déduire 5 % du nombre de barils avant de déclarer leurs bénéfices au Trésor. En 1926, ce chiffre est passé à… 27,5 %. Aucune autre branche industrielle n'a droit à pareille mansuétude. Si un pétrolier investit 100 000 dollars, trouve un gisement valant 10 millions de dollars, tire 1 million de dollars de brut par an, il est autorisé à déduire 27,5 %, soit 275 000 dollars. Dès la première année, il a donc remboursé son investissement initial, très largement. Le système est inique, de toute évidence.

Pour maintenir ce privilège, les pétroliers ont fondé un club informel, le Suite 8F Group, du nom de la suite du

Lamar Hotel où ils se réunissent. Tendance : extrême droite. Membres : Sid Richardson (pétrolier), Clint Murchison (pétrolier), H. L. Hunt (évidemment), William Hobby (ex-gouverneur du Texas), James Elkins (patron de Pure Oil), Morgan Davis (boss de Humble Oil, drôle de nom), Alvin Wirtz (avocat), et, entre autres, John Connally et LBJ. Quand ce dernier est devenu le leader de la majorité au Sénat dans les années 50, son compte en banque s'est démultiplié. Quant à JFK, lors de sa campagne de 1960, il a soutenu les intérêts pétroliers, a juré qu'il comprenait l'intérêt de cette déduction. Puis, en 1962, il s'est retourné, et a commencé à militer pour la suppression. Le calcul a été vite fait : les pétroliers allaient perdre 300 millions de dollars par an. L'État fédéral, l'ennemi absolu, allait en bénéficier. Pas question de laisser passer.

JFK sait qu'il n'a pas que des amis à Dallas. Les couteaux sont sortis.

Ce n'est pas grave : le soleil, maintenant, luit franchement. John Kennedy se tourne vers Jackie : « Nous avons de la chance », dit-il. Puis il mange quelques fruits – son habitude avant de s'attabler dans un déjeuner ou un dîner officiel. L'avion, en l'air, s'aligne sur la piste de Love Field. En bas, Johnson voit la silhouette du jet. Il aimerait tellement, tellement passer de Air Force Two à Air Force One…

C'est un charlatan, un magicien, un faux-cul, un traître d'opérette, le genre d'homme qu'on imagine avec une moustache en filet d'encre, caché derrière les rideaux, un rictus sardonique aux lèvres et une dague empoisonnée en main. Lyndon Johnson est le fils d'Iznogoud et de Vil Coyote. Mais en plus grand, en plus pittoresque, en plus cynique. Il n'aime personne, sauf, peut-être, sa maîtresse régulière, Madeleine Brown, dont il a eu un fils en 1950, et qu'il entretient depuis des années. Au Texas, tout le monde est au courant de cette liaison, que Lady Bird tolère, comme elle tolère les autres écarts de son mari, qui la traite comme du fumier – de vison, peut-être. Quant à Robert Kennedy, il suffit d'évoquer son nom pour que le vice-président devienne vert : « Je lui pisse dessus », dit-il fréquemment. Souvent, devant témoins, il joint le geste à la parole, se débraguette, et se met à arroser les plates-bandes de son ranch. Les insultes pleuvent : « Cette petite merde », « Ce connard à cul serré ».

Gueule de loser, cheveux plaqués en arrière, légèrement voûté, Lyndon Baines Johnson est né en 1908 dans un village qui porte son nom : Johnson City, Texas. En fait, c'est l'un de ses grands-pères qui a fondé le bourg. Son père, Sam, était un homme brutal, amateur de bordels, d'alcool, de jeu. Avec la Grande Dépression, Sam Johnson a vu ses économies fondre et, d'éleveur, est devenu contrôleur de bus. Le déclassement a été total. Il a alors placé son espoir en une vie meilleure dans la Bible, en devenant christadelphien (un christadelphien est un baptiste à l'ancienne, mais la distinction est ténue) : le Royaume des Cieux sera le Royaume d'Israël, le pays de David et de Salomon. Le petit Lyndon a donc été élevé dans la religion, la pauvreté et l'odeur de bourbon. Il en a conçu un certain dédain pour la première, un dégoût total pour la deuxième et un amour immodéré pour le troisième.

Sa carrière politique a été une série de succès : député, sénateur, leader de la minorité, leader de la majorité, membre de toutes les commissions imaginables. Pendant la guerre, il a été assigné à l'inspection des installations portuaires du Texas, puis a rejoint le général MacArthur en Australie et, constatant les besoins de la flotte dans le Pacifique, il est devenu président du Comité des affaires navales – un poste très lucratif (et loin du front). Immensément ambitieux, totalement sans scrupules, LBJ a rêvé de la présidence des États-Unis : il a même fait une tentative pour se présenter aux primaires du Parti démocrate en 1960, allant jusqu'à organiser un groupe baptisé « Stop Kennedy ». JFK lui a scié la branche en lui proposant d'être vice-président. C'est l'alliance du loup et du renard. Pour l'instant, le renard est muselé.

D'un seul coup, Johnson, l'un des hommes les plus puissants des États-Unis, est devenu une ombre. Car Bobby Kennedy tient le devant de la scène. Lyndon, cantonné dans un rôle purement figuratif, est, littéralement, castré. En plus, il s'ennuie.

C'est un homme redoutable, quand même. Pour convaincre un interlocuteur, il a une méthode, toujours la même : il envahit la personne. Il saisit le revers de la veste du malheureux, lui parle dans le nez, lui souffle dans les narines, se penche pour lui brailler dans les oreilles, lui pose sa main sur l'épaule, le retient par la manche, reste à trois centimètres de l'autre, lui postillonne dans les yeux, le crochète par le cou, parfois lui pince la joue. C'est insupportable, mais efficace. Car Lyndon Johnson ne lâche rien. Il est comme un pitbull : rien ni personne ne peut le faire abandonner. Corrompu au dernier degré, lâche, rusé, de mauvaise foi, il est le politicien total. Sa femme, Lady Bird, discrète, résignée, s'occupe de faire fructifier leurs économies. Elle a acheté une chaîne radio, puis une station de télé, et, sous une apparence de ménagère boulotte, elle est devenue millionnaire. En public, elle ne parle que de fleurs : il en faudrait le long des autoroutes, dans toutes les villes, dans les usines, les stades et les prisons. Les fleurs adoucissent les mœurs, surtout les glaïeuls. Lady Bird n'ignore rien de toutes les coucheries de son mari. Elle regarde ailleurs, c'est tout. Pas besoin de se créer du tracas : elle a appris très vite à subir en silence. Fille d'une chanteuse d'opéra qui fréquentait – scandale ! – les Noirs, elle a rencontré Lyndon en 1934, et l'a épousé quelques semaines plus tard. Il était impatient.

C'est sa marque de fabrique. LBJ trépigne constamment. Quand il a besoin d'argent – tout de suite ! NOW ! – pour une campagne ou pour financer une commission, il sonne son homme de paille, Bobby Baker, un escroc qui a ses entrées partout. Pots-de-vin, rétrocommissions, fausses factures, écrémage, tout est bon : l'argent coule à flots. Quand Bobby Baker passe un contrat avec Haïti – où le protecteur de Lee Harvey Oswald, George de Mohrenschildt, s'est installé –, il prélève une part substantielle : sur les exportations de viande haïtienne vers les États-Unis, Baker touche 1 % pour chaque livre de porc. En 1962 : 5 millions de livres. Bobby Baker prend grand soin de faire profiter son ami de cette aubaine. L'ennui, évidemment, c'est qu'un scandale a éclaté. Bobby Baker est sous le coup d'une enquête féroce. Lyndon Johnson a beau répéter qu'il le connaît à peine, alors qu'il l'a toujours considéré comme son fils adoptif, rien n'y fait. Les ondes de choc sont en train de remonter vers le vice-président. D'un jour à l'autre, LBJ va être sommé de comparaître. Pour Kennedy, ce sera l'occasion de se débarrasser de lui. Ces jours-ci, Johnson transpire.

JFK n'a que du dédain pour son vice-président. Il ne lui confie aucune tâche importante, il ne lui délègue pas une once d'autorité. Lyndon Johnson boit, grossit, tourne en rond, voit son pouvoir s'effriter de jour en jour, et sait qu'il a été convié à Dallas pour faire la claque. La politique, pour lui, c'est l'art de grimper et d'entourlouper. Les électeurs ? Des « mal lavés ». Le poste de vice-président ? Un nid de frelons. Par moments, LBJ, seul, est persuadé d'être entouré d'ennemis, de complots secrets. La nuit, il dialogue parfois avec l'Esprit saint, qui le réveille pour lui dicter des décisions politiques. Le jour, il picole, drague et triche. Même quand il joue aux dominos, solitaire, il triche. Quand il parle avec Harold Wilson, le Premier ministre britannique, il biaise. Quand il s'entretient avec Charles de Gaulle, il ment. Il aime se faire passer pour un bouseux, simple et mal dégrossi. Mais il s'est constitué un impressionnant réseau : juges, policiers, politiciens. Certains lui doivent leur poste. Lyndon Johnson n'a pas d'amis. Il n'a que des obligés.

Il a un seul trait en commun avec ce Président qu'il craint et qu'il exècre : il couche avec toutes les filles qui passent. Dans son bureau, dans son avion, dans les hôtels, partout. Une fois, alors qu'il fait visiter son ranch en voiture à quatre journalistes, il est au volant. Une jolie intervieweuse est assise entre lui et Lady Bird, tandis que les trois autres reporters sont derrière. Au vu et au su de tous, il glisse sa main sous la jupe de la fille, lui introduit un doigt, et s'amuse à faire du « finger-fucking » – c'est son expression. Lady Bird regarde le paysage.

Il arrive à Johnson de monter dans Air Force Two, de passer dans le salon en se déshabillant totalement – devant sa femme et les secrétaires – et d'entrer dans la chambre à coucher où l'attend une assistante, nue dans le lit. Son pénis – qu'il nomme « Jumbo », du nom de l'éléphant de Barnum, en 1882, célèbre pour la taille de sa trompe – est son argument favori. Quand on lui demande : « Pourquoi sommes-nous au Vietnam ? », il se contente de l'exhiber en disant : « Pour ça. » Il donne des interviews assis sur les toilettes, se torche puis vous tend la main, dicte des lettres pendant qu'on lui fait un lavement, et, quand on attire son attention sur les commandes d'uniformes pour l'armée, il s'assure que les pantalons ménagent assez de place pour « les couilles des boys ». Il se cure le nez en conférence, rote à table, fait pleurer ses secrétaires, boit du Cutty Sark au litre, n'hésite jamais à fourrer ses mains dans l'assiette du voisin (même si c'est un chef d'État), et – c'est le détail le plus pittoresque – est amateur de pornographie bovine. Il collectionne les photos et les films d'accouplements de vaches et de taureaux.

Pour se débarrasser de lui, JFK l'expédie au bout du monde, en ambassade itinérante. Le vice-président aime bien ces voyages. Il fait embarquer alors des caisses de Cutty Sark, des cartons de stylos à son effigie, des briquets et des cartes postales avec sa photo. Il distribue ces gadgets dans la rue, à des gens qui ne savent même pas qui il est. Ainsi, à Saigon, il compare le président Ngo Dinh Diem – responsable de cinquante mille morts – à Winston Churchill (« Il a les qualités de George Washington, le courage d'Andrew Jackson, l'intelligence de Roosevelt ») puis lui offre un stylo. En Thaïlande, il donne une conférence de presse à trois heures du matin, se change devant les journalistes, leur tapote la tête, et leur jette des briquets. En quatre ans, il a visité trente-trois pays et subi autant de black-out alcooliques. Quand il émerge, il entend la foule scander : « Hey hey hey LBJ ! » et il est content. Les gardes du corps du Secret Service, dont son fidèle Rufus Youngblood, sont convaincus que s'il était un citoyen lambda, il serait interné depuis longtemps. Pour eux, c'est clair : Johnson qui refuse certains jours de se lever, qui traverse en courant les couloirs du Sénat, qui sombre dans la plus noire dépression avant d'émerger, survolté et saoul, relève de la psychiatrie.

En plus, il aime humilier.

En 1959, il a invité Robert Kennedy chez lui, dans son ranch de Johnson City. Le moment était crucial : Bobby, sur les instances de son frère, devait essayer de s'assurer que Lyndon Johnson ne se présenterait pas contre JFK pour les primaires. Comme d'habitude, le séjour a commencé par une partie de chasse. Munis de fusils sérieux – le mot « obusier » serait plus approprié –, les deux hommes ont tout d'abord parcouru la propriété. Puis, voyant un daim détaler, Johnson a donné à son invité la préséance, sachant ce qui allait arriver. Bobby, frêle, et peu habitué aux armes à feu, a été surpris par la puissance du recul. Il s'est entaillé l'arcade sourcilière, et est tombé sur le cul. Lui tendant la main pour l'aider à se relever, son hôte, jubilant, a simplement dit : « Fils, faudrait apprendre à tirer comme un homme. »

Bobby Kennedy n'a pas oublié.

Par le hublot, le Président voit la piste s'approcher ; il distingue déjà le comité d'accueil, où se détache la haute silhouette de Lyndon Baines Johnson. Il y a du public, des pancartes, des policiers, des voitures et, sans doute, quelques agents du FBI, bien que ceux-ci ne soient pas en première ligne. Pour l'instant, le Federal Bureau of Investigation n'a eu qu'une seule tâche à accomplir : signaler les individus dangereux, fichés. Il n'y en a pas. Dallas est une ville propre. Pour Hoover, il n'y a personne, dans la cité, qui puisse menacer le bon ordre de la visite. Ni communiste, ni hippie, ni fou, ni terroriste, ni illuminé. Même pas un Peau-Rouge révolté ou un trotskiste égaré. Rien.

À Washington, J. Edgar Hoover est serein.

L'avion touche le sol.

Au Texas School Book Depository, l'heure de la pause déjeuner approche. Certains employés se dépêchent d'avaler un sandwich ou de boire un Coca à la cafétéria du premier étage pour être libres au moment du passage du défilé présidentiel, d'autres sortent pour être mieux placés dehors, et le bâtiment, dans son ensemble, se vide. Sur la pelouse, les employés sont légèrement en surplomb par rapport à la route, et font face à un talus où les spectateurs se sont installés. Lee Harvey Oswald, dans son coin, au rez-de-chaussée, travaille. L'une des fiches qu'il consulte provient d'une Mrs Carroll, de la Southern Methodist University. Elle demande un exemplaire de *La Procédure parlementaire*. Mr Morton, du Dallas Independent School District, réclame dix volumes de *Apprentissage de la lecture, les bases*. Il y a d'autres demandes, pour des ouvrages d'instruction. Ceux-ci sont entreposés au cinquième étage. Oswald prend place dans l'un des monte-charges. L'autre – il y en a deux – descend. L'un des employés, Charlie Givens, aperçoit Lee Harvey au quatrième étage, et l'interpelle : « Viens ! » Oswald fait non de la tête. « OK », répond Givens. En arrivant au rez-de-chaussée, ce dernier s'aperçoit qu'il a oublié ses cigarettes. Il remonte, et voit Lee Harvey, au cinquième, devant les fenêtres qui donnent sur la rue. Il est donc monté d'un étage ? Il n'y a personne d'autre, là-haut. L'endroit est encombré de cartons. Givens ramasse ses cigarettes, et redemande : « Tu descends déjeuner ? » Oswald, sa fiche en main, répond : « No, sir. » Toujours cette politesse sudiste. Givens redescend, rejoint ses camarades au rez-de-chaussée, et note que l'un des monte-charges est coincé quelque part. Sans doute un employé a-t-il oublié de fermer la grille, immobilisant ainsi la cabine. C'est agaçant, mais fréquent.

En bas, Givens se dit cependant que le point de vue, là-haut, n'est pas mauvais, mais il préfère être dans la rue, dehors. Cela dit, de la fenêtre du cinquième, on pourra voir la voiture du Président arriver par Houston Street, lentement et, surtout, de face. Puis, juste devant le Texas School Book Depository, le défilé amorcera un virage aigu sur la gauche du chauffeur. La voiture devra alors ralentir, pour ensuite se couler entre deux pelouses, à droite et à gauche, surplombées par un talus en demi-cercle orné de petites colonnes. À partir de là, la Lincoln ira en s'éloignant, masquée en partie par des chênes evergreen typiques de la région – *Quercus hinckleyi* –, qui ne perdent leurs feuilles qu'en mars. Un peu plus loin, il y a les voies ferrées, avec le tunnel sous lequel le Président et sa suite devront s'engouffrer avant d'émerger non loin du Trade Mart, où on les attend.

Déjà, le long de la route, sur les pelouses, sur les colonnettes, sur le talus, un peu partout, il y a des spectateurs.

Un homme, debout sur la petite rambarde en béton qui court sur le talus, s'apprête à faire tourner sa caméra. La police fait circuler les voitures, une locomotive passe sur l'une des voies en surplomb de la chaussée, on sent une certaine fièvre. Bonnie Ray Williams, l'un des employés, se rend au premier étage du bâtiment pour s'acheter une bouteille de Dr Pepper, et remonte par l'ascenseur au cinquième. Il n'y a personne. Bonnie Ray s'installe devant une fenêtre, au soleil, ouvre son sac en papier où il y a son déjeuner, mange son sandwich au poulet, et, dix minutes plus tard, redescend au rez-de-chaussée. Il laisse son sac, avec les reliefs de son repas, sur le rebord de la fenêtre.

Au troisième étage, quatre secrétaires, dont Victoria Elizabeth Adams, se placent au mieux pour assister au spectacle. Elles sont impatientes de voir Jackie. Il paraît que la Première Dame est terriblement élégante. Victoria Elizabeth, vingt-trois ans, est une jeune fille efficace, qui sort d'une institution religieuse. Elle est ravie du spectacle à venir.

Jackie, à Love Field, est en train de descendre l'échelle de coupée. Il fait beau, le public a l'air enthousiaste. JFK, sans s'adresser à personne en particulier, dit :

– Nous voici à Dallas, et on dirait que tout va se passer très bien.

Il cligne des yeux, à cause du soleil.

CHAPITRE 7

Mais qu'est-ce qui fait courir Ruby ?

Tandis qu'Air Force One effectue un touchdown sans faute et que Jackie est tentée de mettre ses lunettes de soleil – son mari lui demande de les enlever –, la vieille ville de Dallas, le cœur de la cité, se vide. Commerce Street, où se trouve l'Adolphus Hotel, est quasiment déserte. Les boîtes de nuit, les bars, les fast-foods où se donnent rendez-vous les bookmakers sont fermés. Même les bas-fonds sont au chômage technique. La Mafia fait relâche. La visite de JFK prime tout. La nuit, pourtant, c'est là, dans le vieux quartier, que l'action se passe. Les néons allumés, les portiers racoleurs, les affiches alléchantes, la musique qui contamine la rue, tout est là. Downtown, c'est un petit empire nocturne. Rien de comparable à La Nouvelle-Orléans ou à Tampa, mais un homme d'affaires de passage peut trouver de quoi s'amuser.

Sauf ce matin, évidemment.

Le patron du Carousel Club vient d'ouvrir les yeux. Sa boîte de strip-tease se trouve au 1312 et demi,

Commerce Street. Le « demi », c'est parce que tout se trouve à l'entresol, tables, serveuses, boissons, spectacle, bureau. Le client est donc prié de monter un petit escalier raide avant de se retrouver dans une salle où, autour des tables, des « champagne girls » décolletées vendent du mauvais mousseux à des clients éméchés, tandis qu'elles boivent de l'eau gazeuse, en douce, et touchent un pourcentage sur les bulles. La règle, c'est de faire envie au visiteur, de lui promettre, et de ne rien donner. Mais les règles sont faites pour être contournées.

L'endroit est tapissé de rouge, avec des banquettes noires, un grand miroir derrière le bar, et trois scènes où se trémoussent des filles sur des musiques de beuglant. Avec un peu de chance, on peut voir des seins, mais (presque) jamais un entrejambe. L'anatomie féminine est toujours masquée à mi-corps, l'origine du monde est dissimulée. Il y a des effeuilleuses qui se permettent des écarts, et qui pratiquent le « flash ». Le flash consiste à montrer, une fraction de seconde, ce triangle généralement teint – fausses rousses, mais surtout fausses blondes – que les filles appellent un « ravioli ». Il y a une lumière rouge sous l'une des estrades, qui s'allume quand un policier ou un contrôleur est dans la salle. Quand la lumière est éteinte, et que le patron tourne le dos… Flash ! Exhibition du ravioli ! Les clients ont les yeux qui leur sortent de la tête, les pourboires tombent. L'une des strip-teaseuses, qui a été autrefois hôtesse de l'air, accueille les noctambules en disant : « Je parie que je peux encore vous faire redresser la tablette… »

Tout est dans le demi-mot, le quart de seconde, le millimètre de toison d'or.

Le propriétaire, Jack Ruby, cinquante-deux ans, ne rigole pas. Un centimètre de peau en trop, un poil qui dépasse, et c'est la fermeture administrative, il surveille avec un œil de lynx. Le flash, il ne tolère pas. À Dallas, la loi est ferme. Ce qui n'empêche pas Ruby d'être chaleureux avec les représentants de l'ordre. Quand ils viennent boire un coup, c'est toujours gratuit, pour eux.

Le Carousel est encadré par une blanchisserie et par une autre boîte, le Colony, gérée par les frères Weinstein. Ceux-ci font de la retape illégitime : ils invitent des filles sans expérience à se produire lors des « Amateur Nights », pour de prétendus concours. Ils ne paient pas les secrétaires, les étudiantes ou les paumées qui tentent leur chance. Spectacle gratuit ? Jack Ruby a saisi le syndicat des strip-teaseuses. Il trouve ces procédés déloyaux.

Drôle de personnage, Ruby, pittoresque et sympathique. Court sur pattes, légèrement dégarni, toujours en mouvement, impulsif, bavard, indiscret, il est à la fois avare et généreux, voyou et bourgeois, constamment sur le départ. Il court d'un endroit à l'autre, son petit chien Sheba sur le bras, distribue des cartes de visite à qui veut, écoute tous les ragots, se mêle de tout ce qui ne le regarde pas, et adore une seule chose : la « classe ». C'est un concept un peu flou, dans son esprit. Il convient de ne pas jurer, de porter une cravate en soie, de préférence peinte à la main, d'être soigneusement coiffé, d'avoir une chevalière, et d'être digne. Si on a de la classe, on est un juste. Si on n'en a pas, on est un « individu », un déchet. L'humanité, ainsi, se divise en deux. C'est la lutte de la classe.

Jackie Kennedy en a.

Ruby se nomme, en réalité, Jack Leon Rubenstein. Ses parents, chassés de Pologne par les pogroms tsaristes, se sont installés à Chicago, où la communauté juive est importante. La famille – huit enfants ! – a vécu dans une quasi-misère, dans des appartements sordides, des ruelles poisseuses, des arrière-cours fangeuses. À onze ans, le petit Jack faisait le coursier pour les bookmakers. Très rapidement, il est devenu l'un des soldats de la Mafia. Il a travaillé pour le syndicat des éboueurs – l'un des bastions de la truanderie –, puis a fripouillé avec le syndicat des strip-teaseuses (pompeusement baptisé The American Guild of Variety Artists, ou AGVA, entièrement entre les mains des gangsters), est entré en contact avec les Teamsters, a rencontré Jimmy Hoffa. Paris, jeux clandestins, filles, tout lui est bon, sauf la drogue. Il restera toute sa vie au bas de l'échelle : c'est un petit, un minable, une sardine. Tout le monde l'aime bien, mais il est juif, ce qui est un handicap dans une ville où la Mafia est italienne et la police irlandaise. Il est bavard, ce qui est un handicap tout court. Il cherche à être indispensable à tout le monde, il ne l'est pour personne. Il rêve… Il rêve d'être un homme d'honneur, un monsieur de la pègre, un boss respecté. Il ne le sera jamais. Pourtant, il a été le boy de Frank « The Enforcer » Nitti et de Jake « Greasy Thumb » Guzik, deux parrains légendaires. Mais personne ne le prend au sérieux.

À Dallas, Jack Ruby se contente donc d'être dans les jambes de Lewis McWillie, de Joe Civello, de Dutz Murret – l'oncle de Lee Harvey Oswald – et de servir de contact dans les réseaux de Carlos Marcello et de Santo Trafficante. À Galveston, où ce dernier règne, Ruby s'est livré au trafic d'armes avec Cuba et, chemin faisant, s'est lié avec des politiciens, des millionnaires, des flics, des juges. Toujours, il cherche à ménager la chèvre et le chou : il distribue des sandwichs aux policiers, donne des informations aux inspecteurs des Stups, fréquente Sam Saia et Joe Campisi, deux lieutenants de la Cosa Nostra.

D'ailleurs, la veille de la visite de JFK à Dallas, le 21 novembre, Ruby a dîné à l'Egyptian Restaurant qui, contrairement à son nom, ne sert que de la cuisine italienne. Le patron lui-même est venu s'asseoir à sa table, en compagnie d'un autre visiteur. Celui-ci est le propriétaire d'un fast-food, le Bull-Pen, et fréquente, par à-coups, l'une des « artistes » du Carousel, Tammi True.

Le trait dominant de Jack Ruby, c'est son impulsivité. Victime de sa petite taille, il a appris très tôt à faire le coup de poing dans le ghetto de Chicago. Sa méthode : frapper le premier. Il suffit d'une étincelle, d'un regard, d'un geste, et Ruby est déjà à la gorge de son adversaire ; des types deux fois plus grands en ont fait l'expérience. Un client saoul ? Avant même que le trouble-fête ne se rende compte de quoi que ce soit, il est balancé dans l'escalier. Un voyou qui n'a pas de classe ? Coup de boule. Un truand, Dub Dickerson, lui a cherché noise. Mal lui en a pris : Ruby lui a sectionné le majeur d'un coup de dents. Le principe est simple : « Si tu ne fais pas le premier pas, le gars en face le fera. » Il cogne vite et bien. Il ne boit pas, fait attention à sa ligne, est éternellement fauché – sa voiture est plus grande que son appartement –, passe son temps à feuilleter le dictionnaire pour apprendre des mots nouveaux (« empathie », « bayadère », « chicaner »), interdit qu'on mette les pieds sur la table, hait le mensonge et surveille ses filles avec un soin jaloux. Diana, Alice, Nisi, Bonnie, Jada l'adorent. Pour une réflexion, il les vire instantanément. Puis les reprend une heure plus tard. Puis les licencie en vrac. Puis… quand elles ont besoin d'argent, il se débrouille. Quand l'une d'entre elles ne peut financer une opération pour son enfant, il fait la quête, apporte l'argent et repart, bougon. Il a bon cœur : il apporte du café aux voituriers, fournit des lames de rasoir aux musiciens, achète un four à pizza pour les employés, interdit strictement les blagues religieuses ou raciales, fréquente la synagogue Sheareth Israel, a toujours une pièce pour les clodos et les alcoolos, et demande à chacun, au passage : « Pensez pas que je serais un bon acteur ? » Il possède un 38 Cobra, mais ne s'en sert jamais. L'arme est là pour se défendre, si un loubard ou un « individu » veut rafler la recette. Mais ce n'est jamais arrivé. Quand Ruby parle – avec affection – de ses filles, il leur assigne des spécialités poétiques :

l'une est « une twisteuse de seins », l'autre a « les reins artistiques ». Il a un grain de folie : personne ne le sait, mais, jadis, sa mère a été internée.

Ruby est fier d'être yankee, juif et patron de bar. Demain, il sera un big man, un top boss, un chien dominant. Demain, oui.

Le 22 novembre, à onze heures, après un rapide café, Jack Ruby s'est précipité dans les bureaux du *Dallas Morning News*. Il adore l'endroit. Là, alors qu'il rédige ses petites publicités à passer dans la rubrique des spectacles, il bavarde. Le Président va arriver ? Formidable. La Première Dame est habillée en rose ? Elle est distinguée. Il a de l'empathie pour elle, vraiment. Il adore se trouver au journal, il a l'impression d'être au cœur de l'événement. Les reporters et les secrétaires lui témoignent de l'affection : il leur apporte des sodas, des tickets pour le cinéma, des places pour les matchs. En plus, le bâtiment du *Dallas Morning News* se trouve non loin du trajet de la parade présidentielle. De la fenêtre, Ruby aperçoit même le Texas School Book Depository. Il croise Hugh Aynesworth, un jeune journaliste débrouillard, et Harry McCormick, un gars de la vieille école, qui jadis a couvert la cavale de Bonnie and Clyde. Car Clyde Barrow était un enfant de la ville : il a grandi dans un bidonville de Dallas.

Jack Ruby passe à la cafétéria du journal pour manger un morceau, puis s'installe à une table pour composer son pavé publicitaire. Il est encombré : un parapluie, une écharpe, un pardessus, des magazines, des photos de ses girls, et son 38, dont il ne se sépare jamais. En attendant ses œufs et ses toasts, il déplie un journal, découpe un carré, et, en faisant semblant de lire, regarde les filles qui passent.

Dehors, la foule s'amasse : cent mille spectateurs se pressent le long du trajet présidentiel. Ses tartines et ses œufs brouillés avalés, Jack Ruby se saisit d'un téléphone et appelle sa sœur, Eva Grant. Elle gère un autre club en ville, The Vegas. Elle voit souvent son frère, auquel elle reproche ses mauvaises fréquentations : celui-ci n'arrête pas de passer chez les flics pour rapporter les dernières rumeurs, offrir une bonne place au Carousel ou échanger des tuyaux. On le voit au commissariat, dans les cafés où se retrouvent les policiers. Le capitaine Friz le connaît, le chef de la police Jesse Curry lui serre la main, et des agents de base comme J.D. Tippit sont ses copains. Chez les flics, on le voit tellement souvent qu'il fait partie des meubles. On lui arrange même des coups. Ce qui tombe bien : l'une des strip-teaseuses, Jada, lui donne du souci. Elle a tendance à s'exhiber un peu trop, et à sortir avec les clients. C'est une capricieuse. Il faut dire qu'elle a de qui tenir : elle est la petite-fille de la Pavlova, la sublime danseuse du Ballet impérial russe. Jada raconte souvent la mort de sa grand-mère, à quarante-neuf ans. Le soir de son agonie, l'orchestre de Saint-Pétersbourg a joué *La Mort du cygne* devant une scène vide, avec un seul projecteur.

La putain de classe, pense Ruby.

Au téléphone, il dit :

– C'est moi, Jack. T'as vu, Eva ?

– Vu quoi ?

– La page du *Dallas Morning News*, bordée de noir. Page 4 ! C'est affreux !

Il tempête. Menacer un président des États-Unis ? Dégueulasse. En plus, la page est signée d'un certain Bernard Weissman. Un juif ! Honte ! Saloperie ! Jack Ruby craint, dit-il, que les juifs soient tenus responsables. Dans sa boîte, il n'autorise pas les sketches qui comprennent des expressions en yiddish. Sa voix s'étrangle, il est au bord des larmes.

– Kennedy, c'est un homme normal. Il aime sa famille !

Il grogne.

– Si Weissman est juif, il faudrait lui faire la peau.

Il raccroche et dit, sans s'adresser à personne :

– C'est vrai, je suis acariâtre.

Il a cherché le mot dans l'*Oxford Dictionary*. Mais parfois, il est affable. De *affabilis*, à qui on peut parler.

Le Président s'apprête à monter dans la voiture. C'est une Lincoln Continental, colossale, baptisée SS-100-X. Elle a été fabriquée sur mesure par la Ford Motor Company et livrée en juin 1961. Trois tonnes et demie d'acier, six mètres et demi de longueur, blindage sur les côtés et le dessous (bizarre, pour une décapotable), et un système de vérins électriques qui permet de régler la hauteur de la banquette arrière. Le chauffeur, Bill Greer, est sous les ordres de Roy Kellerman, qui a le titre de Special Agent in

Charge, et qui fait partie du Secret Service depuis 1941. Greer n'a pas le droit de bouger le petit doigt sans instructions de son supérieur. La chaîne de commandement est stricte.

Le Secret Service a toujours été le parent pauvre de l'administration : à quoi bon ? Personne n'a pu empêcher l'assassinat du président McKinley en 1901, ni les tentatives avortées contre Franklin Roosevelt en 1912 et en 1933, ni même le complot contre Harry Truman en 1950.

Depuis son accession au pouvoir, JFK est entouré par sept gardes du corps, en permanence. Sur ses ordres, ils seront tous dans la voiture suivante, sauf Greer et Kellerman, assis sur la banquette avant de la Lincoln. Déjà, on ouvre la porte de la SS-100-X quand JFK se ravise, à l'aéroport. Il se dirige vers les gens qui attendent, agitent des foulards, des pancartes, des journaux. Il se met à serrer des mains, Jackie le suit, son bouquet de roses rouges sur le bras. La foule est en joie. Les commentateurs de la télé s'étranglent de plaisir. L'atmosphère est euphorique.

Ce qui ne veut pas dire que tous les spectateurs soient au diapason. Il y a des pancartes haineuses, aussi : « Kennedy piétine la démocratie ! », « Traître », « Vive Goldwater ! », « JFK, dehors ! ». Tandis qu'il prend son bain de foule, les agents du Secret Service s'inquiètent. Comment protéger cet homme qui ne facilite guère les choses ? Entre les filles inconnues qui défilent dans sa piscine et les badauds qui veulent le toucher, on pourrait le tuer mille fois. À tout hasard, Bill Greer fait avancer la voiture au pas. Les talkies-walkies crépitent. Le gouverneur Connally et sa femme s'installent dans la Lincoln : après tout, c'est le show du Président. Un reporter s'approche de Jackie.

– Comment supportez-vous cette campagne ?

– Magnifique, magnifique !

Elle monte dans la voiture, s'assied du côté gauche, tandis que son mari prend place à droite. Entre eux, le bouquet de roses.

Le député de San Antonio, Albert Thomas, est pris par l'ambiance. Il remarque :

– Je n'ai pas besoin de mon gilet blindé aujourd'hui !

Jack Ruby a du mal à tenir ses girls. Les unes sortent avec des « individus », les autres se prostituent un tantinet, certaines vendent peu de champagne… Il est tout le temps sur les dents. Chez lui sont passées des stars : Candy Barr, spectaculaire blonde qui a été la maîtresse de Mickey Cohen, le parrain de Los Angeles (c'est lui qui assurait être un bon chrétien : « Il y a des sportifs chrétiens, des cow-boys chrétiens, des politiciens chrétiens. Pourquoi pas des gangsters chrétiens ? ») et a eu des faveurs pour JFK ; Lili St Cyr, la « bombe anatomique », a failli être la vedette du Carousel, mais le contrat n'a pas été signé ; Ruby a essayé d'attirer la fameuse Zorita, mais elle était trop chère. Mais il a quand même quelques filles superbes : ainsi, l'une d'entre elles a mis au point un numéro stupéfiant. Elle pose un verre de bière sur son sein gauche – et ça tient. Puis un verre de bière sur son sein droit – et elle marche ! Ce qui en dit long sur l'architecture de la dame. En revanche, il n'y a pas de filles noires au Carousel. D'ailleurs, il n'y en a nulle part, dans le circuit du strip, à l'époque. Une seule « négresse » fait son numéro, mais elle se fait passer pour une Asiatique, et s'est choisi un nom de scène vaguement chinois : Maï Ling. Pas question qu'elle danse à Dallas.

Il y en a eu, des filles… Jack Ruby ne se souvient pas de toutes. Depuis seize ans qu'il est à Dallas…

Le 20 novembre 1963, deux jours avant la visite de Kennedy, le lieutenant Francis Frugé, policier à Eunice, Louisiane, a reçu un appel d'urgence. Sa présence était requise au Moosa Memorial Hospital. Une femme de quarante et un ans, surnommée Rose Cheramie – Melba Christine Marcades, en réalité – était hospitalisée avec des contusions sur tout le corps. De plus, junkie, elle était en manque d'héroïne. À moitié délirante, elle a été transportée dans une ambulance vers un autre hôpital et là, pendant le trajet, elle a raconté une histoire confuse : partie de Miami pour aller à Dallas en voiture, elle avait été prise en charge par deux hommes, puis, non loin d'Eunice, ceux-ci l'avaient balancée sur la route. De quoi discutaient-ils ? « De se faire de l'argent et de tuer Kennedy. » Ils étaient comment ? Ils avaient l'accent cubain et se nommaient peut-être Gonzalez et Rodriguez, un truc comme ça. Le lendemain, au Louisiana State Hospital, elle a répété les mêmes assertions. Puis, devant l'incrédulité générale, elle s'est fait oublier.

Trois ans plus tard, son corps sera retrouvé sur la Highway 155, non loin de Big Sandy, Texas.

Rose Cheramie était strip-teaseuse chez Jack Ruby.

Le Texas School Book Depository est calme. Les cartons, empilés en désordre, forment des petits murets au cinquième étage. Les gens attendent. Sur les pelouses, il y a une vingtaine de photographes amateurs. Les enfants crient, les parents sourient. Il y a un homme avec un parapluie, mais quoi d'étonnant ? Ce matin même, il pleuvait. Juste avant le virage, deux autres bâtiments surplombent Houston Street : le Records Building (les archives) et Criminal Court (le palais de justice et la prison). À l'angle d'Elm Street et de Houston, le Dal-Tex Building, dont deux façades donnent sur la route. C'est le siège de la confection (Dallas Textile). Au total, il y a cent vingt-deux fenêtres, hautes et basses, sur ce petit tronçon du trajet présidentiel. La plupart sont ouvertes.

Abraham Zapruder, patron d'une entreprise de confection féminine, Jennifer Juniors Inc., a décidé, ce matin-là, d'assister au défilé. Cet homme de cinquante-neuf ans, originaire d'Ukraine, est venu en 1920 avec ses parents dans des conditions terribles, pour fuir les pogromes des rouges, et, surtout, la famine. L'Amérique lui a donné une vie, une vraie vie. Il est très reconnaissant. Franc-maçon (loge Emanu-El), il a fondé sa propre entreprise en 1959. En voyant la journée s'éclaircir, il regrette, brusquement, de ne pas avoir apporté sa caméra. Sa secrétaire insiste. À dix heures du matin, Zapruder repart chez lui, et revient avec l'appareil. C'est une Bell & Howell 8 mm, modèle 414 PD, avec un zoom × 4, qui a la particularité d'imprimer du film 16 mm couleur deux fois. À chaque passage, seule la moitié de la pellicule est utilisée verticalement. Au bout de la bobine, le mécanisme s'inverse et l'autre moitié est exposée. Au labo, il suffit alors de fendre le film au milieu, et on a deux films de 8 mm. Gain d'argent.

Zapruder pense alors filmer la voiture du Président depuis sa fenêtre, mais, à la réflexion, il préfère être plus près. Il descend en compagnie de la réceptionniste, Marilyn Sitzman, et cherche l'angle idéal. Pour tester la caméra, il filme pendant quelques secondes le visage de son employée, et monte sur la rambarde en ciment qui forme un arc autour d'une sorte de pergola ; l'ensemble est un peu en hauteur par rapport à la route, et Zapruder tourne le dos au talus. Au-delà, il y a une barrière en bois et un parking, où des voiture sont garées jusqu'aux voies ferrées. Comme il souffre de vertige, Zapruder demande à Mrs Sitzman de le tenir par le bas de sa veste. Il règle la caméra. Il estime être à vingt mètres de la route et à une soixantaine de mètres du Texas School Book Depository, sur sa droite.

Quelques immeubles avant Dealey Plaza se tient un homme, qui semble n'avoir aucun souci. C'est James Hosty, l'agent du FBI chargé de garder un œil sur Marina Oswald. Celle-ci, en ce moment même, est assise devant la télé, chez Ruth Paine.

Zapruder, lui, va enregistrer 486 images en 26,5 secondes.

Mais qu'est-ce qui fait courir Ruby ?

Jack Ruby paie 31,78 dollars pour son annonce dans le journal. En bas, la foule se serre. On sent que les voitures approchent. Un prêtre âgé, le père Oscar Huber, est sur la pointe des pieds pour essayer de voir quelque chose. Victoria Elizabeth Adams, la petite secrétaire, au troisième étage du Texas School Book Depository, est impatiente elle aussi.

CHAPITRE 8

Big dollars

« Mr et Mrs America sont parmi nous ! » proclame une banderole. Il est 11 h 55. Le trajet entre Love Field, l'aéroport, et le Trade Mart est de quinze petits kilomètres. Même en roulant lentement, même avec un imprévu, le Président arrivera à destination à midi et demi. JFK a l'air content. Jackie agite sa main, de temps en temps, pour saluer les gens qui lui sourient. La cohorte de voitures, tout de même, est impressionnante. D'abord, il y a la Ford blanche de l'adjoint du chef de la police, qui ouvre la route en précédant le cortège d'un bon demi-kilomètre. L'adjoint est accompagné de deux inspecteurs, et d'un gradé qui est en contact avec les services du renseignement militaire. Ensuite, voici une poignée de motards, devant le véhicule du chef de la police, Jesse Curry. Avec lui, le shérif Decker et deux agents du Secret Service. La troisième voiture, c'est celle de JFK. Comme prévu, il n'y a personne autour de lui, ni motards, ni gardes du corps. Ceux-ci sont dans une Cadillac noire, juste derrière, debout sur les marchepieds. Il y a une arme à l'intérieur de la Cadillac, un fusil AR 15.

Ensuite, c'est une véritable caravane : la voiture du vice-président Johnson – avec le sénateur Yarborough ; celle des conseillers du Président, celle du maire Earle Cabell, celle des journalistes, deux voitures de la télévision, une voiture pour les photographes... Le médecin personnel de JFK, l'amiral Burkley, est dans la neuvième, et il y en a encore, et encore... Dix-sept véhicules et un bus, au total. Aux endroits où le public est rare, on accélère. Là où la foule est dense, on ralentit. Jackie essaie une seconde fois de mettre ses lunettes de soleil, mais son mari pose la main sur son bras. Elle les garde sur ses genoux.

À mi-chemin, JFK aperçoit un panneau : « Monsieur le Président, s'il vous plaît, arrêtez-vous et serrez-nous la main. » Ce sont des enfants. Irrésistible.

Kennedy donne l'ordre de stopper. Après tout, le FBI a bien précisé qu'il n'y a pas de danger.

À Washington, J. Edgar Hoover a commencé sa journée comme d'habitude. À soixante-sept ans, le vieux bulldog a ses manies. Il se pomponne, se parfume, vérifie l'éclat de ses chaussures et la laque de ses ongles, se teint les cheveux et les sourcils, se gomine avec de la crème Yardley et, avant de sortir d'une pièce, se retourne pour voir si l'eau et la lumière ont bien été coupées. Souvent, le matin, il tombe sur Lyndon B. Johnson, son voisin (son ami, aussi), et ils font quelques pas ensemble, en devisant et en se plaignant amèrement de la bêtise des frères Kennedy. À vrai dire, J. Edgar les connaît depuis belle lurette, ces parvenus. Quand Joe était ambassadeur à Londres et déclarait que « la démocratie, c'est fini », il servait aussi, discrètement, d'informateur au FBI. Hoover a tous les dossiers sur les Kennedy : le trafic d'alcool pendant la Prohibition ; les entreprises commerciales que le père a financées pour les gangsters ; les coucheries avec Marilyn ; les écarts du vieux, qui, sur le tard, aimait bien les petites étudiantes ; les avortements, les chantages, les compromissions. Mais maintenant que Joe est paralysé, Hoover se sent menacé : Joe était le garant du bon accord entre vieux complices. Maintenant, c'est le temps des chiens…

À chaque fois que Robert Kennedy fait savoir qu'il est l'heure pour le directeur du FBI de faire valoir ses droits à la retraite, ce dernier montre les dents. Les électeurs apprécieraient sûrement de savoir que JFK trompe sa femme allégrement, voire qu'il a été l'amant d'une espionne de l'Est, que ce brave catholique a fait avorter des filles de passage, que… Tout en taillant ses rosiers, Hoover soliloque et prépare sa tactique. Jusqu'à maintenant, il a tenu bon. Mais la nouvelle élection pourrait changer la donne : Hoover pourrait bien se retrouver à jouer au golf et au gin-rummy à la maison de retraite des anciens fonctionnaires. Il sent que le couperet va tomber. Et ça, c'est impensable.

Après tout, Hoover est l'héritier de Charles-Joseph Bonaparte, le petit-neveu de Napoléon Ier. Car c'est Charles-Joseph, né en Amérique, qui a créé le Federal

Bureau of Investigation en 1908. Ce Bonaparte-là était aussi bizarre que son successeur : il refusait d'avoir l'électricité chez lui, ne passait jamais plus d'une heure au bureau, et possédait exactement trente-trois vaches.

Hoover se sent investi d'une mission divine. Depuis que sa chère maman est morte, il n'a qu'un but dans la vie : rester en place. Il faut que rien ne change. Les méchants en prison, les gentils en liberté. Les méchants, ce sont les assassins, les hippies, des communistes, les anarchistes, les Noirs, les... La liste est interminable. Hoover déteste Thomas Mann, Hemingway et Henry Miller (il ne les a pas lus, mais ils symbolisent la décadence), les hommes petits ou chauves, les magistrats faibles, la vermine humaine, le désordre. Il compile tout. En 1920, à peine entré dans la carrière, il avait déjà cent cinquante mille fiches. Depuis, ses archives se sont enrichies, immensément : cinq millions de dossiers en 1963, avec cinquante millions de fiches croisées. Pour Hoover, Eleanor Roosevelt (la femme de l'ancien Président est morte l'année précédente, en 1962) était une espionne à la solde des rouges, les anarchistes comme Sacco et Vanzetti sont de la « crasse humaine », Lindbergh est sympathique pour ses idées d'extrême droite, et il n'est pas question qu'on laisse le bacille marxiste proliférer sur le territoire sacré des États-Unis. Hoover a naguère fait expulser Emma Goldman, puis deux cent quarante-neuf « étrangers indésirables » dans la foulée, et considère que des gens comme Martin Luther King sont des pervers sexuels abominables. Lors de ses déjeuners (rares) en tête à tête avec JFK, il aborde des sujets sensibles. Le 22 mars 1962, il s'inquiète de la relation entre Judith Exner Campbell, la maîtresse de Kennedy, et Sam Giancana, le parrain de Chicago. Le 31 octobre 1963, il évoque le spectre de Marilyn, puis passe à un attentat manqué à Chicago. JFK comprend le message subliminal : J. Edgar doit rester en poste. Il restera.

Ce vieillard mégalomane est un frein : la machine du FBI tourne, mais mal. L'agent Hosty, qui supervise Marina Oswald et qui lui a rendu visite deux fois, ne décèle rien de suspect. La Mafia ? « Du vent ! » clame Hoover, alors qu'il reçoit Hoffa dans son bureau. Comment pourrait-il admettre qu'il existe des mafieux alors qu'il passe toutes ses vacances (gratuitement) à l'hôtel Del Charro, où viennent le rejoindre, régulièrement, McCarthy, Nixon, Connally et, occasionnellement, Frank Costello, le *capo di tutti capi*, épris d'élégance.

Tout est dans l'apparence : Hoover est chef des boy-scouts of America, il prie tous les matins, vénère sa mère, une folle confite en dévotion, et ne parle jamais de son père, mort interné. Il œuvre pour le bien des hommes et fait partie d'une loge maçonnique. Évidemment, il a ses petites manies : il n'y a pas de femme dans les rangs du FBI, il est interdit de boire du café, de jouer aux cartes, d'appartenir à un syndicat, d'avoir des chaussures mal cirées, de toucher son petit chien Spee de Bozo, de porter une cravate rouge (signe de « tromperie »). Son chauffeur a l'interdiction absolue de tourner à gauche (on imagine le dédale pour parvenir au bureau). Quant aux Noirs,

Hoover a des idées bien nettes sur la question : « Le cerveau des nègres est nettement plus petit que celui des Blancs », dit-il. Dans son rapport sur l'état de la nation, le 23 août 1963, il écrit : « Les dix-neuf millions de nègres aux États-Unis constituent la plus grande cible du PCUS. »

Qui, à l'époque, compte 4 453 membres.

Entouré de plaques et de citations dans son bureau discrètement surélevé, Hoover a toujours sa vieille Bible à portée de main, aime arroser ses plantes en pot et exige – exige ! – qu'il n'y ait jamais d'insecte près de lui. Il a une peur bleue des mouches. Et du « kommoonism », comme il dit. Car c'est là qu'est le vrai danger : « Les rouges ont causé d'énormes dommages avec le poison du marxisme ». Ainsi, à New York, il y a quatre cents agents pour lutter contre la menace du communisme, et… quatre pour se battre contre la délinquance. Hoover adore le feuilleton de Herbert Philbrick, *Trois vies*, qu'il supervise, et répète à l'envi qu'« il ne faut jamais sous-estimer un coco, même bébé ».

Même *bébé* ?

Pour la galerie, il est sorti autrefois avec la mère de Ginger Rogers, une croisée de l'« antikommoonism », puis avec l'une des maîtresses de Howard Hughes, Dorothy Lamour, charmante vedette de cinéma, égérie de Bob Hope et de Bing Crosby dans la série *En route vers…* Mais personne ne s'y trompe : malgré ses tirades rageuses contre les pervers sexuels, J. Edgar Hoover préfère les garçons.

Il a un fichier personnel sur les déviations sexuelles, le fameux « Sex Deviate Index », où il a classé Adlaï Stevenson (coupable, selon lui, de fréquenter un bar gay) et Martin Luther King (« Un chat de gouttière avec des pulsions de dégénéré »), collectionne les photos et les films porno, possède, chez lui, des statues nues, et vit avec son bras droit, Clyde Tolson. Ils se sont rencontrés en 1936 et ne se sont plus jamais quittés. Ils partagent le même tailleur, les mêmes restaurants, la même maison, les mêmes lieux de villégiature, les mêmes idées. Tous deux haïssent les mariages mixtes, chronomètrent le temps qu'il faut aux bagagistes pour emporter les valises dans les hôtels (trois minutes, exactement), ont la manie de la propreté, et font passer leur relation pour « fraternelle ».

L'ennui, c'est qu'ils participent parfois à de charmantes soirées travesties. Hoover en robe à fleurs et talons hauts, et Tolson en jupe et bas de soie, c'est un cauchemar. À redevenir hétéro instantanément. On les a pris en photo, et ces clichés ont atterri entre des mains non autorisées. De même pour le rapport de 1920 qui mentionne l'arrestation dans un lieu public d'un certain J. Edgar Hoover, alors âgé de vingt-cinq ans. Qui possède ces documents ? Nul autre que Meyer Lansky, le cerveau de la Mafia de Miami.

Et ce n'est pas tout : il est notoire que Hoover aime regarder des boys se déshabiller, alors qu'il est vêtu en dame, assis sur une chaise, en train de lire à haute voix le Lévitique. « … et coupa le bélier en morceaux, et Moïse en fit fumer la tête, et les morceaux, et la graisse ; et on lava avec de l'eau l'intérieur et les jambes, et ce fut un holocauste en odeur agréable, un sacrifice par feu à l'Éternel… » L'un des amis les plus proches du couple Hoover est le cardinal Francis J. Spellman, archevêque de New York. Dans les milieux amusants, il est surnommé « Nelli Spellman ».

Ceux qui osent suggérer que Hoover et Tolson se livrent à des actes contraires à la décence sont « des rats, des déchets de caniveau, des intellectuels dégénérés, des amateurs de poubelles, des clochards, des bêtes, des cocos, de la vermine, des youtres ».

Moyennant quoi, Hoover est tenu en laisse par la Mafia.

Donc, la Mafia n'existe pas. CQFD.

J. Edgar Hoover exècre les frères Kennedy. Par chance, l'assassinat d'un président n'est pas un crime fédéral – bizarrerie de la loi américaine. Si le coupable est jugé dans l'État où il se trouve, il risque la peine de mort ; s'il est jugé au niveau national, il encourt, au maximum, cinq ans de détention.

Mais l'agent Hosty, à Dallas, a la conscience tranquille. Tout va bien se passer.

Lyndon Johnson regarde JFK se diriger vers les enfants. En tête, le chef Jesse Curry s'aperçoit que le Président s'est arrêté, et le Secret Service se précipite. Mais déjà, la foule entoure Kennedy, et les gosses, surveillés par une religieuse, sont ravis. Jackie sourit doucement. Certes, la sécurité est lâche, mais la popularité est en hausse. La joie des enfants fait plaisir à voir. À Washington, le petit John John attend ses parents pour fêter son troisième anniversaire, avec impatience.

LBJ est nettement contrarié. Pourtant, il est chez lui. Car c'est au Texas que sa carrière politique a pris son envol : en 1948, alors qu'il se présentait au Sénat contre le gouverneur Coke Stevenson, l'élection était sur le fil. Tout a changé quand les résultats de la petite bourgade d'Alice sont tombés : soixante voix pour Stevenson, sept cent soixante-cinq pour Johnson. Mais c'était encore insuffisant. Après recomptage, les résultats furent améliorés : neuf cent soixante-cinq voix pour Johnson. Il emporta le poste avec une avance de quatre-vingt-sept voix. En 1953, il est devenu le plus jeune leader de la minorité jamais porté à ce poste. Mais chacun sait qu'il a tripoté l'urne. Peut-être aussi la secrétaire du bureau de vote.

L'idée que JFK se manifeste sur la scène politique au Texas est très agaçante. Chacun à leur manière, Connally et Johnson ont tenté de dissuader le Président. Mais celui-ci a tenu bon. Il a besoin de faire un appel de fonds pour sa campagne. L'idée est de visiter les cinq villes les plus importantes du Texas, qui totalisent 35 % des votes. LBJ est mécontent. Il n'est pas le seul. Malgré ses protestations, Jackie considère que ce voyage est un pensum. « Je sais que je vais détester chaque minute », écrit-elle à un ami. La différence, c'est que Jackie sourit alors que Johnson fait la tête.

Dans la voiture, le sénateur Yarborough est frappé par la mine du vice-président, qui a l'air d'aller à un enterrement. En attendant que JFK cesse de serrer des mains, Yarborough note que les visages, dans la rue, sont chaleureux. En revanche, ceux qu'on aperçoit en hauteur, dans les immeubles, le sont moins. « Si quelqu'un voulait lancer un pot de fleurs, on ne pourrait rien faire », pense-t-il. Lyndon Johnson, lui, est certain que les frères Kennedy ont concocté un complot pour l'éliminer. Il se sent damné. « À chaque fois que je suis face à John Kennedy, j'ai l'impression d'avoir un corbeau sur l'épaule », dit-il. Au moment même où le vice-président met le pied à Dallas, le Senate Rules Committee, à Washington, clôt son dossier avec la déposition d'un associé de Bobby Baker, le boy de LBJ. Sous serment, le témoin affirme avoir vu Baker remettre une valise contenant 100 000 dollars au vice-président, lors d'une partouze à New York. À midi pile, la déposition est en cours. Ce n'est plus une sonnerie d'alerte, c'est un glas.

Cette fois-ci, Lyndon Johnson, malgré son entregent et son génie de la manipulation, va avoir du mal à s'en sortir. Sans aucun doute, il sera destitué. Il a de quoi être sombre. Il l'est.

Sa femme, Lady Bird, le connaît bien. Elle sait qu'il est en train de faire une sale dépression. Il boit comme un trou, s'enferme, attend. Quoi ? Que ça change. Lady Bird, replète et amusante, humiliée et discrète, est une femme d'acier. Elle a autant d'ambition que son mari. Son ego est moins grand, voilà tout. Jackie Kennedy, qui n'est pas la femme lisse qu'on croit, a une opinion tranchée sur Lady Bird : « C'est un petit chien qui a été bien dressé », dit-elle.

Entre les Johnson, c'est comme un contrat commercial : elle le soutient toujours, il lui donne un statut. Un bouquet de roses – jaunes, celles-ci, symbole du Texas – sur les genoux, elle regarde la foule. Elle reconnaît des gens : sa couturière lui fait signe d'une fenêtre, Lady Bird répond.

Sur Dealey Plaza, Abraham Zapruder n'est pas le seul à préparer sa caméra. Vingt-deux cinéastes amateurs s'apprêtent à filmer l'événement historique. D'autres spectateurs sont munis d'appareils photo. Ils attendent. Dans quelques minutes, tout au plus, le Président sera là. Certains croient remarquer un agent du Secret Service à la fenêtre du Texas School Book Depository. D'autres, derrière le talus, au rez-de-chaussée, sont priés par un représentant de la loi de ne pas rester là, près du parking. Dans l'immeuble du *Dallas Morning News*, Jack Ruby a fini de payer ses annonces et se demande ce qu'il va faire. Où est Lee Harvey Oswald ? Quelque part dans le bâtiment du Depository. Au Trade Mart, deux mille cinq cents invités patientent, tandis que les steaks grillent.

La voiture du Président passe devant le grand magasin de Dallas, Neiman-Marcus, bâti en 1907. Stanley Marcus, le fils du fondateur, dirige l'entreprise et fait figure de mouton noir : d'abord, il est juif, et, malgré l'importance de son affaire, ne peut faire partie du Citizens Council. Ensuite, il ne partage pas les opinions radicales de ses clients richissimes. S'il est en bons termes avec eux, il plaisante souvent en disant qu'il est le seul juif qui ne veut pas aller en Israël : « J'ai peur d'être converti. » Agnostique, démocrate convaincu, Marcus prend souvent ses pairs à rebrousse-poil. Il se bat pour les droits civiques, intervient pour que le musée de Dallas ne soit pas victime d'une imbécile censure contre les « œuvres décadentes », et hausse les épaules quand on soupçonne tous les intellectuels d'être des communistes. Il est un fervent soutien de Kennedy.

La sottise et la fortune de ses clients ne cessent de l'amuser. Ainsi, quand l'un des milliardaires du pétrole est venu le voir pour acheter un cadeau de Noël pour sa femme, Stanley Marcus a dit, en plaisantant : « Prenez tout ce qu'il y a en vitrine. » À sa grande surprise, son client a suivi son conseil.

Décidément, ces nababs sont des abrutis.

Devant ces vitrines, ces fameuses vitrines, justement, on entend les cris de la foule : « Jackiiiiie ! Jackiiiiie ! »

De la fenêtre de son bureau, Haroldson Lafayette Hunt – que tout le monde nomme H. L., tout simplement – regarde le défilé. Son ennemi juré, le président des États-Unis, passe devant son immeuble. Par chance, deux voitures plus loin, il y a Lyndon B. Johnson, qui est un ami, et dont il a souvent financé la carrière. H. L. Hunt est riche, riche à millions : ses puits de pétrole fournissent soixante-cinq mille barils de brut par jour. À soixante-quatorze ans, il gagne 30 millions de dollars par an, et, grâce aux divers crédits d'impôts, dont la fameuse taxe sur la diminution des ressources, il contribue peu aux ressources du Trésor. Jaloux de ses prérogatives et de ses privilèges, ce baron du pétrole a été marié trois fois, a quatorze enfants (dont certains sont aussi fanatiques de l'extrême droite que lui) et emploie des personnages peu recommandables, dont George Butler, un lieutenant de police membre du Ku Klux Klan. Sous son aspect débonnaire de grand-père joufflu, Hunt est un aventurier : il a gagné son premier puits de pétrole au poker, et répète à qui veut l'entendre que « nous devons protéger les droits divins des grandes sociétés américaines ». Comme son alter ego, Clint Murchison, il a des relations étranges : ce dernier a un associé nommé Geraldo Catena, qui fait partie de la « famille » de Vito Genovese. Une fois de plus, les truands et les businessmen ont partie liée. Comme au bon vieux temps de Joe Kennedy – qui est un ami de H. L. Hunt.

En outre, Hunt est : président de l'International Committee for the Defense of Christian Culture ; membre des Shickshinny Knights of Malta (dont certains membres sont carrément nazis) ; fondateur du Facts Forum, un rassemblement d'illuminés ; créateur d'un programme radio nommé Life Line (cinq mille diffusions par jour, sur six cents stations). Il fait toujours passer le même message : l'ennemi, c'est le communisme, certes. Mais l'ennemi principal, prioritaire, c'est le gouvernement fédéral. Curieusement, Hunt a aussi écrit un roman, intitulé *Alpaca*. Sa thèse : le droit de vote doit être proportionnel aux impôts payés. Et le Texas doit être indépendant. D'ailleurs, souligne-t-il, c'est l'État qui a le plus de pétrole, de gaz, de coton, d'hélium, de légumes, de riz, de caoutchouc, de moutons, de vaches, de dindons et d'oignons des États-Unis. Comme son copain Herbert Philbrick, il est persuadé que « certaines cigarettes américaines sont faites avec du tabac communiste ». Il milite pour l'abolition des subventions fédérales dans l'enseignement, contre le désarmement, contre la fluorisation de l'eau, et se dit persuadé que « le communisme a débuté dans notre pays quand l'État a pris en main la distribution du courrier ». Lors d'une réunion, en juin 1963, H. L. Hunt confie : « Je veux un Kennedy mort. » Tout le monde l'a entendu. Il est même question d'un contrat de 100 000 dollars sur la tête de JFK. Billevesées, affirment les amis de Hunt.

Son ami Clint Murchison est de la même eau. En plus excentrique. Ainsi, en février 1950, Murchison a invité le duc et la duchesse de Windsor dans son ranch, ravi de pouvoir partager avec le couple quelques idées sur la grandeur de Hitler et la décadence des démocraties. L'ennui, évidemment, c'est que les Windsor ne voyagent pas en avion. Donc, de Palm Springs à Tampico, les voyageurs, pendant trois jours de train, font contre mauvaise fortune bon cœur. Arrivés à Gonzales, petite bourgade à cinquante kilomètres du ranch Murchison, ils montent en voiture, et leurs cent cinquante valises – dont vingt malles-cabines – sont chargées sur des camions. Au bout de quatre heures d'un trajet cahoteux, la voiture du duc arrive la première, et se gare devant la cuisine. Les domestiques mexicains sont en train de faire des toasts, sous les ordres de Mrs Murchison. L'un d'eux se demande : « Où sont nos invités ? » Personne ne remarque qu'un homme au veston froissé s'est joint à la compagnie, et tartine, lui aussi, des tranches de pain grillé. Le duc de Windsor est discret.

Il est fin saoul, aussi. Le soir même, on le retrouvera allongé par terre, en travers de la porte des toilettes, ronflant allégrement. Personne n'aura l'idée de le déranger.

Quelques années plus tard, en 1959, un autre nabab, Pat Rutherford, organise une fête pour Lyndon Johnson : huit cents invités, cinquante-trois avions. L'Histoire n'a pas retenu le nombre de litres de bourbon. Mais preuve est faite que le vice-président est le grand homme du Texas, celui qui porte le flambeau. C'est un judas, certes. Il ne reste plus qu'à crucifier JFK.

Le défilé présidentiel passe aussi sous la fenêtre du bureau de Clint Murchison, 1201 Main Street. Comme son ami Hunt, Murchison fait une moue de dégoût. Comme son autre ami, Carlos Marcello, il se dit qu'il est temps de donner un bon coup de balai.

CHAPITRE 9

Les parrains

À Dallas, juste avant l'arrivée du Président, une jeune femme, Julia Ann Mercer, se dirige vers Elm Street, en voiture, et dépasse Dealey Plaza. Elle note que nombre de spectateurs, éparpillés sur les pelouses, attendent avec impatience. Elle dépasse le Texas School Book Depository, puis le talus, quand elle est obligée de s'arrêter juste avant le tunnel sous la voie ferrée. Devant elle, un pick-up vert, portant la mention Air Conditioning sur les portes, s'est garé. Un type costaud est au volant. Le passager, lui, est plus jeune, vêtu d'une chemise à carreaux, et sort sur le trottoir, en tenant ce qui ressemble à un étui à fusil. Celui-ci s'éloigne en direction du talus. Le pick-up redémarre. Julia Ann Mercer s'engage dans le tunnel, pressée de se rendre à son travail – elle est employée dans une société de distributeurs automatiques. De l'air conditionné ? Sur Dealey Plaza ? Elle se pose la question vaguement, et n'y pense plus. Elle y repensera.

L'agent James Hosty voit passer la voiture présidentielle sur Main Street. Il a déjà fait son rapport qui est parvenu sur le bureau de J. Edgar Hoover. Hosty observe le défilé. puis tourne les talons. Il est l'heure de déjeuner. Il entre dans un restaurant, regarde les distributeurs de boissons : ces machines sont fabriquées à Chicago. Elles proviennent de l'empire de Sam Giancana.

« On arrive à Lamar Street », entend-on sur les talkies-walkies des policiers. C'est le chef Curry qui prévient ses troupes. Tout va bien. Sur Dealey Plaza, déjà, on perçoit les motos, de loin. Les commentateurs radio, sur toutes les chaînes des États-Unis, insistent sur la chaleur de l'accueil de Dallas. Dans les bars, dans les restaurants, les images défilent. Hosty jette un coup d'œil et s'attable. Il fait presque chaud.

À La Nouvelle-Orléans, « The Big Easy » (la grande facile), il fait bien plus chaud. Depuis neuf heures du matin, le palais de justice est bondé. Devant le portail se pressent reporters et cameramen, sous deux immenses faisceaux de licteurs, à la romaine, avec les mots « LAW » à gauche et « ORDER » à droite. Une deuxième entrée est ornée de « MERCY » et « JUSTICE », et les bas-reliefs ont été gravés par une femme, élève de Bourdelle. L'événement du jour, c'est le procès de Carlos Marcello et de son frère Joe, deux célébrités locales.

À vrai dire, c'est surtout Carlos qu'on est venu admirer. Celui-ci, à cinquante-trois ans, présente bien : cheveux poivre et sel soigneusement peignés en arrière, de taille moyenne, costume du bon faiseur, avec un air d'autorité, visage buté. Un peu empâté, sous le costume en shantung, mais taillé dans le granit. Pas le genre de type à qui on raconte des blagues salaces dans un bistrot. Marcello est un boss.

Né à Tunis sous un autre nom – Calogero Minacore –, ce Sicilien d'origine est arrivé aux États-Unis en 1911, à l'âge de un an. Dès son adolescence, il s'est spécialisé dans les attaques à main armée, avant de monter une équipe de gamins débrouillards. Vingt ans plus tard, ayant pris du galon et changé de nom, il a rencontré Frank Costello et s'est affilié à la « famille » Genovese. Pendant la guerre, il a tout bonnement profité du vide ambiant : machines à sous, extorsion, jeu, casinos, bateaux clandestins, bordels. Élu (vraiment élu, au cours d'une réunion des grands truands) « parrain » de la Mafia de Louisiane, il finance Jimmy Hoffa et les Teamsters, et, en sous-main, s'arrange avec le FBI. Dans les dossiers de J. Edgar Hoover, Carlos Marcello apparaît comme un « cultivateur de tomates », entièrement absorbé par son entreprise de sauce spaghetti, la Pelican Tomato Company. Celle-ci est le fournisseur officiel de la US Navy. Dont l'un des secrétaires d'État a été Joseph Kennedy. Entre voyous...

En 1960, Marcello est même venu faire un tour à la convention démocrate qui a porté JFK au pouvoir. Ce qui ne l'a pas empêché de verser 500 000 dollars au comité de soutien de Nixon. D'ailleurs, afin d'être paré à toute éventualité, il s'est fait coudre une poche à gauche, dans son pantalon, pour mettre les dollars. Il n'y a pas un truand, si puissant soit-il, dans la région, qui ne respecte Carlos Marcello, son frère Joseph, sa famille et son chien.

C'est, selon les journaux, le « tsar du crime à La Nouvelle-Orléans ». Chiffre d'affaires : 1,6 milliard de dollars par an. En 1963, c'est une somme.

L'homme est dur. Convoqué devant un comité d'enquête, il invoque soixante-six fois le cinquième amendement (« Je refuse de répondre, car ma réponse pourrait m'incriminer »). Devant un autre tribunal, il répète la même chose cent cinquante-deux fois. Réfugié dans sa tanière au milieu des marais, il dirige d'une main de fer son empire. De Gretna à Morgan City, personne ne bouge un orteil sans qu'il le sache. Sur la porte de son bureau, un panneau : « À trois, on peut garder un secret, si deux sont morts. » Pour s'assurer du silence de ses amis ou de ses ennemis, la méthode est radicale. Ainsi, Massotto Constantine, l'un des soldats félons de Frank Costello, a pensé trouver refuge en Louisiane. Mal lui en a pris : il a été attaché à une chaise, battu avec des tuyaux en caoutchouc, éventré, et a pu regarder ses intestins défiler lentement devant lui, enroulés sur un cabestan. Puis son corps a été placé dans un container de chaux. Carlos Marcello aime bien, aussi, traiter les salauds au chalumeau. On commence par démonter les genoux, à la flamme bleue, puis on passe aux bijoux de famille. Les restes, s'il y en a, on les jette dans les marais. Parfois, on abandonne le client, encore vivant mais un peu handicapé, aux petites bêtes : alligators, serpents, ratons laveurs, hérons, lynx, opossums carnivores, ours bruns, sangsues. Et moustiques. Les pires, ce sont les crabes. Ils attaquent les yeux en priorité.

En général, il ne reste rien.

Les bayous de Louisiane sont oublieux.

Depuis longtemps, les affaires de Marcello sont liées à celles de la CIA : il a participé à l'assassinat du président Armas au Guatemala, dit-on, patauge dans les bas-fonds des officines louches qui lui donnent de l'argent pour faire tuer Fidel Castro, et reçoit ses amis haut placés dans sa maison bancale de Churchill Farms, plantée au beau milieu de 2 600 hectares de boue, d'eau et de vase. Pas de téléphone – donc pas de table d'écoute. Là, Carlos Marcello se préoccupe de la marche du monde, au son des disques de Connie Francis, sirupeuse chanteuse dont le grand succès est *Who's Sorry Now ?* (Qui est désolé, maintenant ?). Précisons que Connie Francis est une payse : elle se nomme en réalité Concetta Rosa Maria Franconero.

C'est que Carlos Marcello a le sens de la famille. Outre qu'il emploie tous ses frères, cousins, tantes, oncles et neveux jusqu'au septième degré, il s'est constitué un réseau de débiteurs : ainsi, Dutz Murret, l'oncle de Lee Harvey Oswald, est son obligé. Sam Termine, le boyfriend de Marguerite Oswald, est son employé. Au Texas, Carlos Marcello règne sur huit cents bookmakers, reverse 25 % de ses gains aux politiciens et aux flics, soigne le Ku Klux Klan, et n'oublie pas de faire des cadeaux à tous ceux qui croisent sa route. Certains concurrents ont été surpris de recevoir plus de cent kilos de saucisses pour

Noël. Ils se sont vite aperçus que c'était de la saucisse de (leurs) gardes du corps, en retrouvant un petit doigt avec une bague.

Carlos Marcello ne plaisante pas.

Surtout, il ne plaisante pas avec l'honneur.

Après tout, qu'est-ce qu'un homme sans *onore* ? De la chair à saucisse. Et encore…

Depuis le 1er novembre, Carlos Marcello a des ennuis. Il est accusé de corruption, de détention de faux papiers, de mille crimes, et, sur les instructions personnelles de l'Attorney General, il n'est pas question de laisser tomber. Le juge Herbert William Christenberry et le procureur Louis LaCour sont accrochés comme des tiques.

Le 22 novembre, toute la famille Marcello est là. La mamma, Louise, soixante-dix ans ; les fils, Vincent, Pascal, Anthony, Sammy, Peter ; les épouses, les filles, les cousins. Jacqueline Marcello, la femme de Carlos, est sur le premier banc, avec ses quatre enfants, Joseph, Florence, Louise et Jackie. La photo de famille est complète, le générique bien rempli. Quant au casting, il est de rêve : Carlos Marcello est une star. Assis, il écoute la diatribe de l'avocat général, car c'est le dernier jour du procès. L'avocat plaide. À Washington, en pleine réunion avec son équipe anti-Mafia, l'Attorney General se tient au courant. Si Carlos Marcello est condamné, il sera expulsé à l'étranger. Robert Kennedy, avec son arrogance coutumière, est sûr de gagner.

Carlos Marcello, le Big Daddy de Big Easy, donné perdant ? Pas sûr.

Qui sera désolé, bientôt ?

Si Carlos Marcello aime être connu, son alter ego, Santo Trafficante, reste dans l'ombre. Depuis longtemps, les deux parrains se sont partagé le pays, après un Yalta entre gens de bonne compagnie. Marcello tient la Louisiane et le Sud jusqu'à Dallas, Trafficante règne sur la Floride et Cuba. Son père, Santo Trafficante Sr, a établi, de longue date, son emprise sur La Havane, devenue la vache à lait de son empire. À quarante-neuf ans, malgré son pouvoir – il est lié à la famille Bonnano, à Sam Giancana et à Meyer Lansky –, Santo Trafficante n'a l'air de rien. Légèrement chauve, avec des lunettes d'écaille, il ressemble à un pharmacien de province ou un professeur de collège. Ce qu'il n'est pas. Intelligent, rusé, il obtient ce qu'il veut sans élever la voix. Il n'a pas passé un seul jour en prison aux États-Unis.

Sa vraie passion dans les années 50, c'est le Sans Souci à Cuba. Il s'agit d'un endroit unique : casino géant, bordel fastueux, salle de spectacle à faire pâlir Las Vegas. Trafficante est aussi le maître de la *bolita*, la loterie latino, et possède l'hôtel Habana Rivera, le Tropicana, le Sevilla-Biltmore, le Capri, le Commodoro, le Deauville, le Havana Hilton. Sur tous ses gains, il reverse 10 % au président Batista.

Jusqu'au 1er janvier 1959.

Ce jour-là – *maldiciòn* ! – Fidel Castro est arrivé.

D'un seul coup, tout s'est écroulé. Trafficante s'est recentré : il s'est installé en Floride, à Tampa, dans le quartier d'Ybor City, qui doit son nom au premier fabricant de cigares, Martinez Ybor. C'est un endroit terrible : le soleil tape, la ville est constamment prise dans un étau de chaleur blanche, jamais un nuage, l'humidité est celle d'une « boule de laine tombée dans un seau d'huile ». Dans des rues bordées de bâtiments en brique, des ouvrières roulent des cigares en écoutant un type qui leur fait la lecture. C'est de là que proviennent les Cuesta-Rey, les Bustillo, les Celestino Vega et les Chinchals, délices des fumeurs. Dans une perpétuelle odeur de sel, de pétrole et de marée, la ville cuit dans son jus. Un peu à l'écart des grands centres urbains, Tampa a l'avantage d'être un endroit moins surveillé. La Mafia y a ses habitudes : Johnny Torrio, le boss de New York dans les années 20, accompagné de son jeune lieutenant balafré, Al Capone, y a naguère rencontré Albert Anastasia, inventeur du légendaire syndicat d'assassins, Murder Inc.

Un jour de 1957, Anastasia, qui a manifesté le désir de s'installer à Cuba, a eu l'idée de se faire une beauté chez son barbier de l'hôtel Park Sheraton. Le visage couvert d'une serviette chaude, il n'a pas eu le temps de voir son visiteur, John « Mad Dog » Nazarian, un dératiseur de la famille Patriarca, qui lui a fait passer le goût de la mousse à raser. Une heure plus tard, un dénommé B. Hall a quitté sa suite du Park Sheraton et pris l'avion pour Tampa.

B. Hall n'était autre que Santo Trafficante. *Proibito per toccare Cuba. Capito ?*

La Havane est, dans les années 50, un merveilleux gâteau : une licence de bistrot coûte 25 000 dollars ; un permis hôtelier, un million de dollars – et le Trésor cubain ne touche que 20 % de ces sommes. Le reste va dans les poches profondes d'El Presidente. Entre 1955 et 1959, c'est l'affolement en Terre promise. Casinos, courses de chiens, de chevaux, maisons de tolérance, laboratoires de drogue, tout le monde installe un business, chacun a sa petite entreprise, sous l'égide de Santo Trafficante. Celui-ci, officiellement, est juste un employé d'International Amusements Company. C'est donc un représentant de commerce pour flippers, juke-boxes et distributeurs de cacahuètes. Mais nul ne s'y trompe : il est le véritable monarque de ce royaume tropical. Sa devise ? « Vous aimez l'opéra ? On a. Vous adorez le base-ball ? On a. Vous préférez danser ? On a. Vous recherchez des sex shows ? On a. » Les visiteurs ajoutent : héroïne, cocaïne, on a.

Cuba ? *El Paraiso.*

Dès 1958, Trafficante sent d'où vient le vent. Par l'intermédiaire de son avocat Frank Ragano, il fait savoir qu'il s'intéresse aux rebelles de la Sierra Maestra. Alors que Batista est encore au pouvoir, il couvre ses arrières et envoie de l'argent aux barbus. Las, dès que Castro prend le pouvoir, il déclare : « La fête est finie » et jette Trafficante en prison. Franchement, cet homme est déplaisant.

Dans le fameux pénitencier de Tiscornia, Trafficante ronge son frein – et fait parvenir encore de l'argent à Fidel. Du coup, sa détention s'allège. On lui livre des repas de restaurant, Mrs Trafficante est autorisée à effectuer des visites, les matons installent une radio et une télé, et, même, le détenu est autorisé à sortir de cellule pour assister au mariage de sa fille. Mieux : de malfaisants *yanquis* essaient de profiter de la situation et envoient quatre individus peu fréquentables pour tuer Trafficante. La police cubaine intercepte ces voyous. Fidel veille à la santé de son invité.

Un autre visiteur se manifeste, amicalement, et vient rendre visite à Santo Trafficante dans sa cellule. Petit, remuant, électrique, c'est un garçon de courses, rien de plus : Jack Ruby est alors en contact avec Lewis McWillie, le pote de Dutz Murret. Ruby et McWillie font passer des armes et de l'argent aux nouvelles autorités cubaines. Le premier, dont la discrétion n'est pas la première vertu, envoie des cartes postales aux filles de sa boîte de strip, parce que c'est très « classe », selon lui. Le second, enragé des jeux, connaît La Havane pour y avoir usé ses manchettes sur le tapis vert. Secrètement, des négociations sont ouvertes. Ruby est autorisé à proposer des Jeeps contre la libération de Trafficante. Les *fidelistas* profitent. La maison de Trafficante est vendue pour une somme minime à un Cubain, et, en juillet 1961, le FBI note que les paris à la *bolita* de Tampa et de Miami sont souvent pris par des fidèles de Castro. Paris gagnants, évidemment.

De grosses sommes d'argent changent de mains. Toutes les propriétés à Cuba sont saisies. Trafficante est expulsé.
En effet, la fête est finie.

Désormais, Santo Trafficante nourrit une haine illimitée contre le *lider maximo*. Dès son retour aux États-Unis, il est entré en contact avec les groupes d'exilés cubains qui ne rêvent que de tuer Castro. La CIA elle-même n'est pas en reste : Bobby Kennedy, devenu le patron du Special Group Augmented (créé dans le seul but de se débarrasser de Castro), a donné des ordres et a mis en chantier plusieurs opérations secrètes, dont « Mongoose ». La Mafia collabore. La CIA locale de Miami, nom de code JM/WAVE, est opérationnelle, et tout ce qui est possible est entrepris : sabotage d'installations, complots, tentatives d'assassinat de Castro, même absolument insensées. La CIA invente des bananes explosives, des combinaisons sous-marines toxiques, des cigares infectés, des produits dépilatoires (pour faire tomber la barbe du barbu), fait appel à des truands comme Johnny Rosselli ou Sam Giancana pour empoisonner ou buter Fidel. Les mafieux écoutent, comprennent que la CIA est prête à lâcher 100 millions de dollars, empochent une portion du magot – et ne font rien, évidemment. Après tout, tuer quelqu'un, c'est illégal.
RFK tempête. Mais Castro survit.

Santo Trafficante aimerait se venger de Castro. Il voit bien que JFK a gagné la crise des fusées, en 1962, mais, comme la plupart des Texans et des Cubains exilés, il pense que le Président a été mou. Il fallait y aller. Khrouchtchev, fidèle allié de Castro, a reculé, certes. Mais le Cubain, lui, était prêt à l'affrontement, même à la guerre atomique, comme le prouveront les documents déclassifiés un demi-siècle plus tard. Il fallait vitrifier Cuba, point final. Trafficante n'est pas le seul à avoir cette idée : le général Walker, H. L. Hunt, les Minutemen, les Minute Women, Herbert Philbrick et tous les excités du Sud la partagent. Le grand quartier général aussi. Truands, fascistes, millionnaires, généraux, espions : même combat. C'est la Sainte Alliance des furieux.

Trafficante n'a donc pas une très haute estime de JFK, d'autant qu'il a des photos de Kennedy, alors sénateur, en train de faire la gondole vénitienne, la passacaille tournée et la double-croche rose avec des putes à La Havane. J. Edgar Hoover possède les mêmes clichés. Tous les deux ont aussi un film, tourné secrètement dans l'un des hôtels de Trafficante, le Commodoro, où JFK réinvente le quatuor en chambre avec trois sublimes créatures métisses. C'est en voyant ces images, dira plus tard Trafficante, que « j'ai perdu tout respect pour cet individu ». Comme si les mafieux se préoccupaient de morale…

Dans le marais grouillant des exilés cubains, il y a de tout : des allumés, des dévots, des nazis, des enragés, des apprentis dictateurs, des fous, des gars qui parlent tous les jours à la Sainte Vierge, des trafiquants d'armes. Il y a aussi des magouilleurs comme Guy Banister, David Ferrie le chauve – qui est le pilote attitré de Carlos Marcello – et Lee Harvey Oswald. La communauté cubaine de Miami, alors, c'est comme Sigmaringen et les collabos en 1945 : chacun veut prendre le pouvoir (ou ce qu'il en reste), les jalousies sont mortelles, les exécrations absolues. On joue aux dominos en rêvant d'incendie. La haine – contre Castro, contre le « kommoonism » et contre les copains – cimente le tout.

C'est le chaudron du diable.

En septembre 1962, Trafficante reçoit la visite de José Aleman. Ce dernier est un Cubain fortuné qui cherche des appuis pour faire la contre-révolution. Accessoirement, depuis qu'il a été pris la main dans le sac en plein trafic d'armes, Aleman est devenu informateur du FBI. L'homme a ses entrées : son grand-père a été l'avocat de Lucky Luciano (ce dernier vient de mourir à Naples, terrassé par une crise cardiaque), et son père a occupé des postes diplomatiques à La Havane.

L'entrevue a lieu au Scott Byron Hotel à Miami : Aleman explique qu'il est en colère. La façon dont les Kennedy traitent Jimmy Hoffa est indigne, d'autant qu'Aleman aimerait puiser dans le trésor des Teamsters. Il demande à Trafficante d'intervenir pour obtenir un million de dollars pour « la cause » et régler le problème Castro.

Trafficante reste silencieux. Puis, d'une voix douce, il parle :

– Écoutez-moi bien. Kennedy est dans les ennuis. Il obtiendra son dû.

Puis :

– Il ne sera pas réélu. Il sera buté.

José Aleman transmet à J. Edgar Hoover.

Qui, évidemment, n'en souffle mot à son supérieur hiérarchique.

Le 22 novembre 1963, Santo Trafficante se prépare à passer à table avec son avocat, Frank Ragano, et la maîtresse de ce dernier, une petite blonde charmante. Jimmy Hoffa est aux prises avec la justice à Chattanooga, Tennessee, pour corruption : il a autorisé des emprunts colossaux, et les fonds de pension du syndicat des Teamsters ont été investis dans des opérations de la Mafia. Carlos Marcello fait face au juge Christenberry à La Nouvelle-Orléans.

À Dallas, la voiture de tête du défilé, en avance d'un demi-kilomètre, arrive sur Dealey Plaza. On a l'impression de sortir d'un canyon : tout d'un coup, l'espace est dégagé. Le chef de la police Curry regarde les pelouses, le talus, les voies ferrées. Derrière, le Président et son épouse continuent à agiter la main et à sourire. Jesse Curry est soulagé : c'est presque fini. Encore quelques minutes, et tout le monde arrivera au Trade Mart. Dans l'une des voitures loin derrière, Malcolm Kilduff, l'un des Irlandais de Kennedy – il est le « press secretary », le porte-parole de la présidence – note trois panneaux affichés sur trois fenêtres. Chaque panneau porte une lettre. L'ensemble forme un mot : « BOF ». Pas très enthousiaste, pense Kilduff. En revanche, sur les trottoirs, les visages ont souriants. Surtout, il y a des visages noirs. À Dallas, c'est rare.

Cinq cent mètres plus loin, John Fitzgerald Kennedy roule vers son destin. Qui va être bref.

Celui-ci a été scellé il y a plus de deux ans, en avril 1961, par son frère.

Il y a des fautes que personne, même Dieu, ne peut pardonner. Elles ne se lavent que dans le sang.

CHAPITRE 10

Le péché de Bobby Kennedy

Robert Kennedy est ainsi fait : il faut qu'il aboie. Derrière lui, il a la puissance et la fortune de son père. Il a aussi le pouvoir et la confiance de son frère. Il ne vit que selon les règles des Kennedy. Catholiques dans une société protestante, Irlandais dans un milieu anglophile, nouveaux riches dans un monde de « old money », ils sont considérés comme des arrivistes vulgaires, des rouleurs de mécaniques qui donnent des leçons et refusent d'en recevoir.

JFK a monté, littéralement, un gouvernement fantôme : il court-circuite les échelons intermédiaires, envoie son frère en mission sans prévenir les ministres concernés, s'entoure de comparses, de complices, de bimbos et de laquais. Bobby, lui, a fabriqué une machine de guerre : d'une part, elle doit servir à abattre Castro et, d'autre part, elle va briser la Mafia. En plus, l'Attorney General ne supporte pas qu'on lui tienne tête, comme l'ont fait Sam Giancana et Carlos Marcello. Le premier a été humilié publiquement, le second ne perd rien pour attendre.

Robert Kennedy réagit avec ses glandes, pas avec sa tête. Il est en colère, et rien ne cède devant cette colère.

Le 22 novembre 1963, dans son bureau de Washington, devant ses quarante collaborateurs, c'est la fureur qui est à l'ordre du jour.

Ce qui est une façon imbécile de faire de la politique.

C'est dans cet état d'esprit que Robert Francis Kennedy a commis l'erreur de sa vie deux ans et demi plus tôt. Il s'en est pris à Carlos Marcello.

Avril 1961. Le plan est simple. Puisque la justice américaine est constamment bafouée par ce « cultivateur de tomates », il va falloir se passer d'elle. Drôle de raisonnement pour un ministre de la Justice, mais la logique n'a jamais été le point fort des Kennedy. Or dans le dossier Marcello figure un document intéressant : il y a quelques années, alors qu'il était impliqué dans des opérations au Guatemala – notamment l'accession au pouvoir du président Carlos Castillo Armas, puis son assassinat par un garde dans le palais gouvernemental –, Carlos Marcello en a profité pour se faire fabriquer de faux papiers. Sous son vrai nom, Calogero Minacore, il a obtenu un certificat de naissance au Guatemala. Le but, à l'époque, était d'éviter une expulsion vers son pays natal, la Tunisie. Les avocats de Marcello ont donc trouvé des registres mal tenus dans un quartier de banlieue de Guatemala City, San José Pinula, et ont ajouté le nom de leur client, tout simplement, lui donnant un état civil de pure fiction.

Robert Kennedy veut profiter de cette illégalité pour faire expulser le truand. Expulser où ? À l'autre bout du monde. À Taïwan. Sur la Lune, si possible.

Sauf qu'il y a un inconvénient. Le vol pour Taïwan dure vingt-quatre heures et nécessite au moins deux escales. L'avocat de Carlos Marcello aura donc le temps de se précipiter au tribunal et de faire annuler l'avis d'expulsion, provoquant un demi-tour du voyageur indésirable. Il faut trouver un pays plus proche.

Pourquoi pas le Guatemala ?

Aussitôt dit, aussitôt fait.

Le 14 avril 1961, Carlos Marcello, en compagnie de son avocat, se rend aux bureaux de la Migra, l'Immigration, à La Nouvelle-Orléans. Comme étranger résidant aux États-Unis, il est contraint de faire viser son livret de présence tous les mois. Il pénètre dans le bâtiment, un ancien temple maçonnique (Order of the Eastern Star) qui se trouve à deux pas – coïncidence ! – du bureau de Banister, où Lee Harvey Oswald va bientôt faire parler de lui en distribuant des tracts pro-Castro. L'homme de loi patiente dehors. À l'intérieur, on demande à Marcello de s'asseoir, et un employé lui lit à haute voix une lettre du ministère de la Justice. Le message est simple, direct : ledit Marcello Carlos, étant citoyen guatémaltèque, sera expulsé immédiatement vers son pays d'origine. Bouche bée, Marcello tente de protester. Rouge de colère, il se dresse, mais deux Men in Black lui passent les menottes, le sortent, le fourrent dans une voiture. Marcello réclame le droit de téléphoner. Négatif. Peut-il prendre de l'argent ? Négatif. Une brosse à dents ? Négatif.

La voiture file vers l'aéroport, toutes sirènes hurlantes. Là, deux rangées de policiers attendent. Carlos Marcello hurle à qui veut l'entendre qu'on le kidnappe, que c'est illégal, qu'on n'a pas le droit, que ce sont des procédés de gangsters (oui !), que c'est injuste. À peine est-il à bord que l'avion s'envole. Il y a deux agents de l'immigration, deux pilotes, et un passager. Marcello proteste, proteste encore. Les autres ne disent mot. L'affaire va durer trois heures, le temps d'arriver à Guatemala City.

L'avocat, resté sur les marches de l'immeuble de la Migra, téléphone à Joe Marcello, le frère de Carlos. Celui-ci saute dans sa voiture, arrive en trombe à l'aéroport, mais trop tard. Il reste donc à faire intervenir les avocats. Joe est ivre de rage. Il en bave, bafouille au téléphone. Son conseil juridique à Washington raccroche en lui disant : « Je ne comprends rien. Rappelle-moi quand tu pourras parler. » La famille Marcello envisage de rejoindre le boss.

Et tout le monde répète en chœur : Bobby Kennedy est un salaud, JFK est un chien galeux. La détestation totale, absolue, brûlante.

La haine pourpre.

Le lendemain, l'Attorney General fait une déclaration. L'expulsion de Marcello Carlos a été faite « en stricte observance de la loi » (c'est faux), sera utile au pays (c'est encore faux), et ajoute que, personnellement, cette mesure le rend « très heureux » (ce qui n'a rien à voir). Robert Kennedy précise, fidèle à lui-même, qu'il « convient d'attaquer les criminels avec leurs propres armes » (ce qui est dingue). En résumé, le ministre de la Justice se comporte en gangster.

Politiquement, c'est bête. L'expulsion illégale d'un truand n'apporte rien. Juridiquement, c'est inconsistant. Symboliquement, c'est ridicule. Il est évident que l'expulsé va revenir en faisant un bras d'honneur. Et surtout, rien n'est réglé. Bobby Kennedy s'est fait plaisir, c'est tout. C'est comme le gri-gri vaudou percé d'aiguilles représentant LBJ qu'il a sur son bureau : comique, mais offensant. Simultanément, Robert Kennedy a commis le plus grave des crimes, que lui-même ne tolérerait pas : il a humilié publiquement un *uomo d'onore*.

Dans la soirée, l'avion atterrit à Guatemala City. Un colonel accueille Marcello, lui propose de loger au Biltmore Hotel, où l'attendent reporters, photographes et cameramen. Mais Marcello n'a qu'une idée – et ce n'est pas de parler aux journaux. Après d'interminables palabres sur le tarmac, l'expulsé constate que la nuit est tombée. Il a faim. Une secrétaire l'emmène au Club Casa Blanca, où il se remet de ses émotions. Mais où dormir ? Chez la secrétaire, évidemment. Il accepte. Mais, en arrivant, constate qu'il y a des vêtements masculins dans l'armoire. Le mari va débarquer en pleine nuit, pense-t-il, et me buter. C'est un piège. Prudemment, le parrain reste éveillé.

Au petit matin, il téléphone à sa famille. La machine se met en route. Sammy Marcello, le plus jeune des frères, prend l'avion avec des vêtements et de l'argent. Mais, au Guatemala, Carlos Marcello est officiellement natif du quartier de San José Pinula, à vingt kilomètres du centre de la capitale. Il est donc prié de s'installer là-bas. D'autres ennuis arrivent : en sortant de chez la secrétaire hospitalière, il est contraint de se présenter aux autorités. Lesquelles, sachant à qui elles ont affaire, le jettent en prison. Pourquoi ? Pour rien. Et que faut-il faire pour sortir ? Oh, être un bon citoyen. Mais encore ? Promouvoir les équipements sociaux de San José Pinula. À savoir ? Le quartier a besoin d'une nouvelle école. Ah, et elle coûterait combien, la nouvelle école ? Disons 75 000 dollars. C'est de l'extorsion. Non, c'est de la générosité.

Carlos Marcello paie.

Son frère Sammy arrive, et tout le monde s'installe au Biltmore Hotel. C'est un bâtiment laid, parfait exemple du style blockhaus stalinien adopté par les architectes américains dans les années 50, mais l'endroit a un avantage : il se trouve à dix minutes de l'aéroport. Très vite, Carlos Marcello se retrouve entouré de sa famille, et accompagné de son avocat, Mike Maroun.

L'expulsé prend ses marques. Après tout, c'est d'ici, au Guatemala, qu'une partie de son stock de tomates provient : la Pelican Company a des contacts sur place. On a tendance à sous-estimer la fraternité des tomatiers, dans le monde. En fait, Carlos Marcello a des réseaux de marijuana et de cocaïne.

La paix, enfin ? Pas question. Les journaux du Guatemala s'emparent de la question : un *indésirable* chez nous ? Le Trésor américain entre dans la danse : Carlos Marcello, après vérification, doit un million de dollars au fisc. Le Big Daddy n'est plus du tout Big Easy : il rage, casse des meubles, jure qu'il va faire des allumettes avec RFK, ce... ce... *malefico*. Qu'il soit maudit, lui, sa famille, son chien et ses lamas jusqu'à la septième génération !

Mike Maroun, l'avocat, prend les choses en main. C'est un battant. Né de parents libanais, il a payé ses études en boxant sur le ring, et, pendant la guerre, a fait partie du quartier général d'Eisenhower dans les Ardennes et en Allemagne. Il commence par se débrouiller pour que le dossier fiscal de son client atterrisse sur le bureau d'Ashton Mouton, le directeur du Trésor en Louisiane. Lequel le place dans un tiroir marqué : « En attente. » Il y restera. Maroun fait lever les saisies sur toutes les sociétés de Carlos Marcello : la CBM Corporation, LaRue 90, Garnet Land, Sapphire Land, Stevie Corporation et quelques autres, dont la fameuse Pelican Tomato Company. L'un des inspecteurs les plus tenaces est invité à faire valoir ses droits à la retraite. Personne n'ira farfouiller dans les affaires de la famille Marcello. L'État de Louisiane devra même verser une subvention de 5 millions de dollars pour viabiliser la propriété de Marcello dans les marais, dont la valeur (multipliée par 59) va passer à 59 millions de dollars, du coup.

Contraint à un exil temporaire, finalement, Carlos Marcello en profite pour faire du business à Guatemala City. Il monte un réseau de machines à sous, organise le rachat d'une flottille de pêche (toujours utile pour transporter, euh, du concentré de tomate, par exemple), se rend au champ de courses, investit dans des affaires. Un mois passe. Le feu vert est donné : la famille Marcello peut rentrer à la maison.

On fait les bagages. À l'aéroport, les Marcello embarquent, vêtus avec élégance. Sauf Carlos. Celui-ci est jeté, manu militari, dans un autre avion, avec Mike Maroun, et expédié, de nuit, vers le sud. Deux heures plus tard, il est débarqué dans un camp militaire en pleine forêt… au Salvador. Là, le traitement latino commence : Carlos Marcello est traité comme un vulgaire clandestin, un immigré de base, un… un Mexicain ! On l'interroge, on le jette dans un cul-de-basse-fosse, on attend. Une semaine plus tard, nouvelle expulsion, toujours avec Mike Maroun. Au Honduras, cette fois. On leur retourne leurs affaires personnelles, dont 3 000 dollars en cash. Les deux hommes fourrent l'argent dans leurs chaussures. On les embarque dans un bus pourri. Des heures et des heures plus tard, le bus s'arrête. On est au petit matin, en pleine jungle. Marcello et Maroun protestent. Ils sont jetés dehors comme des vermines. À droite, rien ; à gauche, rien. Pas une voiture en vue. Pas un village. Pas un bar, un bus, un Big Boy Hamburger, un ciné, un club, un bistrot. La zone, quoi. Que de la verdure. Et menaçante, la verdure, pleine de bruits bizarres, habitée par des serpents corail, des caïmans, des jaguars, des crotales, des scorpions, des araignées, des chinches. Il ne reste qu'une chose à faire : marcher. Il fait chaud. Il y a des singes qui ricanent. Rien à manger. Les deux hommes avancent. Le costume en shantung est vite transformé en loque. Les mocassins italiens se délitent dans la poussière. L'atmosphère est brûlante. Carlos Marcello s'évanouit. Persuadé qu'il va mourir, il donne ses dernières volontés à Maroun : « Dis à mes frères de me venger des Kennedy. » Puis il se relève. Tombe à nouveau. Se relève encore.

Les deux hommes marchent pendant vingt-sept kilomètres. Ils aperçoivent des hommes avec des machettes, au loin, qui semblent menaçants. Ils se cachent dans les ronces, qui les griffent.

Finalement, épuisés, lacérés, affamés, ils arrivent à la capitale, Tegucigalpa. Ils prennent des chambres et dorment quarante-huit heures. Puis Maroun rentre aux États-Unis. Carlos Marcello, lui, fait appel à un ami, Rafael Leonidas Trujillo, président de la République dominicaine. Celui-ci lui doit quelques faveurs. Le 30 mai, un avion militaire dominicain ramène, en secret, Carlos Marcello au Mexique. Ce jour-là, coïncidence, des comploteurs soutenus par la CIA assassinent Trujillo.

La dernière partie du voyage sera effectuée dans un petit avion. Piloté par un type chauve avec une perruque, David Ferrie.

En apprenant le retour de Carlos Marcello, Robert

Kennedy, en rage, déclenche une guerre totale : perquisitions, dépôts de plaintes, interrogatoires, harcèlement. La Cour suprême, saisie, lui donne tort.

Quant à Carlos Marcello, un soir qu'il discute avec des amis, ceux-ci l'entendent dire :

– *Livarsi na pietra di la scarpa !* Il faut retirer le caillou de la chaussure.

Il ajoute :

– On va s'occuper de lui.

L'un des interlocuteurs fait remarquer que si l'Attorney General est effacé, tout l'appareil d'État va se mettre en branle pour détruire l'empire de la Mafia. Ce serait un meurtre mauvais pour *lo biziness*. Marcello en convient. Donc, il faut frapper plus haut : « Si tu coupes la queue d'un chien, il pourra toujours te mordre. Mais si tu coupes la tête du chien, sa queue ne pourra rien te faire. »

Le plan est prêt. Il ne reste plus qu'à trouver un pigeon.

Le reste ira de soi. Lyndon Johnson est un ami.

En octobre 1963, Carlos Marcello et Santo Trafficante se rencontrent. Quelques jours plus tôt, David Ferrie s'est envolé pour le Guatemala. Le 30 octobre, il y retourne. Il est donc à Guatemala City les premiers jours de novembre.

C'est alors qu'a lieu la première tentative d'assassinat.

Le 2 novembre, le Président doit assister à un match de football américain au stade Soldier Field, à Chicago. Il est prévu qu'il arrive en fin de matinée à l'aéroport O'Hare. Le Secret Service est sur le pied de guerre. Deux jours plus tôt, le 31 octobre, une femme a téléphoné à la police de Chicago pour faire part de sa découverte : dans l'une des chambres qu'elle a mises en location, elle a trouvé quatre fusils. Les quatre occupants sont immédiatement recherchés. À l'autre bout de la ville, on signale aussi un client intéressant : Thomas Vallée, un type fiché comme activiste d'extrême droite – il semble qu'il soit membre de la John Birch Society – se répand en slogans anti-Kennedy. On perquisitionne chez lui : Vallée détient mille cartouches. Il a servi dans le corps des marines, notamment à la base d'Atsugi, au Japon où, naguère, Lee Harvey Oswald a été opérateur radar et pris des cours de russe. Vallée travaille dans un atelier de lithogravure, au 625 West Jackson Boulevard, qui se trouve sur le trajet prévu pour le défilé présidentiel, et dont les fenêtres surplombent la route.

Vérification faite, la police apprend que Vallée souffre de troubles, et que les sept ans passés sous l'uniforme l'ont abîmé psychologiquement. Il est classé 4F, c'est-à-dire « schizophrène paranoïaque », et manifeste des tendances à l'homosexualité. Il a été blessé – et décoré – en Corée, et s'est établi à Chicago en août dernier, au moment même où Oswald était à La Nouvelle-Orléans et s'apprêtait à s'installer à Dallas. Juste avant son retour à Chicago, Vallée a été recruté à New York par un groupe d'activistes anticastristes dont le but avoué est de tuer le *lider maximo*. Ces exaltés se livrent au trafic d'armes et sont surveillés par la police. Vallée est expédié en Louisiane, dans un camp d'entraînement proche du lac Pontchartrain, où toute la lie d'extrême droite se rassemble dans le cliquetis des fusils de contrebande.

À Chicago, deux des quatre hommes signalés par la logeuse sont repérés. Le problème, c'est que l'intention de tuer le président des États-Unis n'est pas un crime fédéral. Le FBI ne peut donc être impliqué. Or le Secret Service manque de moyens pour effectuer des filatures. Très vite, la surveillance est détectée. Les deux hommes sont interpellés, les autres disparaissent. L'alerte est donnée. Chicago, c'est le territoire de Sam Giancana. Tout ce qui s'y passe dépend de lui, rien ne lui échappe.

Le 2 novembre 1963, au petit matin, l'un des deux complices arrêtés est toujours interrogé. Il n'y a rien à lui reprocher. Costaud, large d'épaules, cheveux coupés très court, il pourrait être aussi bien un militaire qu'un camionneur. Vallée a la même allure. Celui-ci, sortant de chez lui, monte dans sa voiture, un fusil M-1 sur la banquette, et, vêtu d'un blouson et d'une chemise à col ouvert (c'est rare, à l'époque, les gens mettent veston et cravate pour aller au bureau), il s'apprête à démarrer quand on l'arrête. Il est 9 h 10, et l'arrivée du Président est prévue dans moins de deux heures. Dans la voiture du suspect : Trois cents cartouches et un couteau de chasse. L'information remonte à Washington. Bobby prend la décision d'annuler le voyage de son frère. Officiellement, JFK a une petite grippe.

Au même moment, le monde entier apprend que le président du Vietnam du Sud, Ngo Dinh Diem, vient d'être assassiné. Effondré par ce qu'il perçoit comme un débordement de la machine militaire, comme une trahison de sa propre administration, Kennedy prend très mal la mort de Diem, malgré la cruauté de celui-ci. Informé de l'immolation d'un moine bouddhiste, en juin 1963, Diem a simplement haussé les épaules et dit : « Qu'il brûle. » Mais c'était, comme Kennedy, un catholique. JFK se demande ce qu'est son propre pouvoir, si l'appareil d'État ne lui obéit pas. Il décide de passer la journée avec la femme qu'il aime, Mary Pinchot Meyer. Le complot de Chicago passe au second plan.

Mais l'histoire ne s'arrête pas là. Les complots, c'est comme le flipper : « Same player shoots again. »

Il suffit de remettre une pièce dans la machine, et on a le droit de jouer à nouveau.

Le 18 novembre 1963, JFK doit aller à Tampa. C'est le début de sa reconquête du Sud, qui le fera arriver à Fort Worth et Dallas quatre jours plus tard. Le Président doit prononcer un discours devant l'assemblée du syndicat des Steelworkers – les métallos – et, dans la soirée, donnera une conférence de presse sur Cuba. Or, à Tampa, il y a un énervé fiché depuis longtemps, Joseph Milteer. Il est l'apôtre de la haine. Violemment raciste, ayant des moyens qui lui permettent de ne pas travailler, il parcourt le Sud en rencontrant tous les alliés de sa cause. Il est à l'extrême droite de l'extrême droite d'Adolf Hitler. Il est évidemment surveillé, écouté, photographié, filmé. Le 9 novembre 1963, chez lui, il confie à un ami, William Somersett, que « tout est en place », et que JFK sera assassiné. Il est secrètement enregistré :

SOMERSETT : Je sais pas, mais on dirait que Kennedy vient ici le 18 pour faire une espèce de discours. Je sais pas ce que c'est.

MILTEER : Tu peux parier ton dernier dollar qu'il va dire des tas de trucs sur les Cubains, y en a plein ici.

SOMERSETT : Il va avoir des milliers de gardes du corps.

MILTEER : Plus il y en a, plus c'est facile.

SOMERSETT : Ce serait quoi, la meilleure manière de l'avoir ?

MILTEER : Avec un fusil à lunette, en haut d'un immeuble.

La conversation s'achève sur la possibilité d'un faux coupable.

Joseph Milteer a soixante ans. Il n'a pas de famille, pas d'épouse, possède un petit magot, et passe son temps à imprimer des livrets abjects où il prêche une haine totale envers les Noirs, les Yankees et, de façon générale, les autres. Il fait partie du White Citizens' Council d'Atlanta et du Constitution Party. Il focalise l'attention, à Tampa.

Or, dans l'ombre, il y a un autre complot – ou bien est-ce celui prédit par Milteer ? Le défilé présidentiel, ce jour-là, est censé aller de l'aéroport militaire de Tampa, McDill, jusqu'à l'Arsenal de la Garde nationale. Le trajet, sécurisé, sera surveillé par plus de deux cents policiers et quatre cents militaires. Le point le plus dangereux de la ville se trouve devant le Floridian Hotel, où la Lincoln de JFK devra négocier un virage serré sous des dizaines de fenêtres. Les autorités savent qu'un activiste cubain, Gilberto Lopez, est en ville. À Washington, alors que Robert Kennedy surveille le procès Marcello et, certain de gagner, se prépare à l'expulser à nouveau – cette fois-ci en toute légalité –, l'information d'un danger imminent arrive. Lopez, accompagné de deux hommes (on pense qu'ils se nomment Gonzalez et Rodriguez – pourquoi pas Dupont et Dupond ?) a été repéré. Son dossier est intrigant : c'est un ex-militaire, comme Vallée et Oswald ; il s'est rendu au Mexique en septembre 1963 – comme Oswald ; il professe des opinions pro-castristes, mais avec tant de bruit qu'on a la certitude qu'il est anti, en réalité – comme Oswald, encore. Il a vingt-trois ans, est bizarre et possède le bon profil : celui du pigeon.

De plus, dans les rangs de la police, il y a des flics au service de Santo Trafficante. Celui-ci est évidemment au courant du déroulement de la visite de JFK, seconde après seconde. Il apprend que la sécurité est renforcée. Au Floridian Hotel, le personnel est prévenu de la possibilité d'un attentat. La tension est au maximum.

Bobby Kennedy sait qu'il est impossible de faire annuler la visite de son frère, comme à Chicago. Deux fois de suite ? Pas question. Il change les dispositions : le Président sera amené sur le lieu de son discours en hélicoptère, après un passage à la Tampa International Inn pour dire quelques mots.

L'attentat échoue donc.

Chez lui, H. L. Hunt dit à ses amis qu'« il n'y a aucun autre moyen d'extirper ces traîtres de notre gouvernement que de les tirer à vue ».

Les deux complots ratés sont passés par pertes et profits. Depuis mars dernier, la Maison Blanche a reçu quatre cents menaces crédibles. Dans la masse, les tentatives de Chicago et de Tampa sont noyées. Pourtant, les plans auraient mérité d'être détaillés. L'idée était bien agencée : l'équipe de quatre tireurs se serait occupée de JFK, de trois ou quatre angles différents, puis Vallée ou Lopez auraient été exfiltrés par un comparse. Sauf que ce comparse aurait eu pour mission d'effacer le pigeon. Vallée ou Lopez, après avoir joué leur rôle, concentré les regards, attiré les soupçons, se seraient rendus à un point de chute prévu – un cinéma, par exemple – puis auraient été pris en charge par une filière, vers le Mexique ou le Canada. En fait, une fois leur partie jouée, ils auraient été abattus par l'« ami », en réalité un dératiseur au service de la Mafia. Résultat : le pigeon, mort, ne pourrait plus dire grand-chose. Aux yeux de tous, JFK aurait été victime d'un déséquilibré avec des tendances castristes… Fiction parfaite. Fidel Castro serait désigné comme le donneur d'ordre. Là, il n'échapperait pas à son dû : on irait lui casser la gueule. Du velours.

Hasta la victoria, siempre ? Le truc, c'est d'avoir un bon dératiseur. Un flic, par exemple.

À Tampa, le Président a parlé de Cuba. C'est une erreur : les métallos s'en foutent, de Cuba. Ils ne pensent qu'à leur nouveau frigo, leur prochaine Ford Taunus P4, leur tondeuse à gazon et leurs traites. La Havane, Castro ? On verra bien. Le danger de la révolution caraïbe n'est pas évident. Le pire est passé, avec la crise des fusées, l'année dernière. Parlons des salaires. JFK, à Tampa, est à côté de la plaque.

Mais, en fait, son discours ne s'adresse pas aux ouvriers de la métallurgie. Il vise les millionnaires aux manettes, les Républicains. JFK essaie de couper l'herbe sous le pied de son concurrent, Barry Goldwater qui, lui, assure qu'il va faire le ménage chez les rouges.

Cuba, c'est une sacrée épine dans le pied, pour Kennedy.

Depuis son arrivée au pouvoir, John Kennedy n'a eu de cesse de contrebalancer l'effet désastreux de ses hésitations lors de l'invasion de la baie des Cochons, qui s'est soldée par un désastre. Les militaires, depuis, ridiculisent le chef de l'État, les conservateurs le méprisent, la CIA lui échappe. Le 4 novembre 1961, un nouveau programme a été approuvé à la Maison Blanche : sabotage, subversion et assassinat éventuel de Fidel Castro. Nom de code : opération « Mongoose » – opération mangouste. Base de commandement : JM/WAVE – soit le quartier général de la CIA à Miami. Budget : illimité.

Dans un dessin animé, les idées de JM/WAVE seraient comiques. Dans la réalité, elles sont affligeantes. Ainsi, les technocrates de Miami conçoivent de se débarrasser de Castro en lui faisant des blagues : pulvériser une drogue hallucinogène dans un studio de télé pour qu'il se mette à délirer devant la caméra (comme si le *lider maximo* avait besoin de cela !) ; mettre de la poussière de thallium – poison violent – dans ses chaussures ; fournir des ice cream sodas – que Castro adore – contaminés par le bacille de la peste... Lamentable.

À tel point qu'en désespoir de cause, en mars 1961, la CIA contacte la Mafia par l'intermédiaire de Robert Maheu, l'homme de confiance de Howard Hughes. La rencontre a lieu au Fontainebleau Hotel, à Miami. Sont présents trois truands d'envergure : Johnny Rosselli, l'« ambassadeur de la Cosa Nostra », élégant, séduisant, dangereux (on le retrouvera découpé à la tronçonneuse dans un fût) ; Santo Trafficante, sérieux, concentré, cynique ; Sam Giancana, laid, vulgaire, brutal. De l'argent change de mains, des instructions sont données par Jim O'Connell, l'homme de la CIA. Le plan, cette fois-ci, est de faire passer des pilules de poison à un Cubain de La Havane. Celui-ci, Rafael « Macho » Gener, devra se débrouiller sur place.

Trafficante, Giancana et Rosselli encaissent l'argent, le sourire aux lèvres. En fait, ils aimeraient bien se débarrasser de Castro, qui leur a fait les poches. Mais Robert Kennedy vient de leur offrir un bonus : l'État fédéral est impliqué dans des actions « noires », et les mafieux peuvent le prouver. Désormais, il est possible de faire chanter RFK. L'ennui, c'est que les services de renseignements américains sont tellement certains de leur supériorité qu'ils méprisent l'espionnage cubain. Or, les Cubains, s'ils sont fauchés, sont malins. Ils ont des taupes partout, CIA, NSA, FBI. Les plans sont éventés. Castro est au courant de toutes les tentatives qui le visent. Il a sous les yeux les détails de Mongoose. Tout échoue.

Rageur (comme d'habitude), Bobby Kennedy se rabat sur Desmond FitzGerald, le chef d'antenne de la CIA au Mexique. Celui-ci est un homme étrange : sa femme, Marietta Tree (la maîtresse de John Huston pendant le tournage des *Misfits*) est une militante de gauche, une battante, qui fréquente les meilleurs cercles d'artistes. FitzGerald, lui, est ambitieux. Quand il rencontre l'Attorney General, il est stupéfait : cet homme sait tout sur tout, donne toutes les réponses, parle en mâchant du chewing-gum, met ses pieds sur le bureau, et n'arrête pas de citer son frère dans la conversation, manière peu subtile de faire comprendre qu'il vaut mieux obéir. FitzGerald, sous pression, met au point différents plans, dont celui de confier à Rolando Cubela (le fameux AM/LASH) la mission de tuer Castro. Cubela est un barbu qui a été l'un des proches de Fidel, il a participé à la prise de pouvoir avec passion. Très vite, il a été déçu par la révolution, et, en

1961, a fait défection, puis est passé dans le camp adverse. FitzGerald lui fait confiance.

AM/LASH, en fait, est un agent double.

À Dallas, la question cubaine est importante. D'une part, Cuba n'est pas loin, et ce rouge qui défie la grande Démocratie américaine avec l'aide de Khrouchtchev, ce n'est pas tolérable. D'autre part, l'industrie aéronautique du Texas est une machine colossale : la guerre froide, ici, n'est pas une idée fumeuse. JFK sait qu'en arrivant au Trade Mart, dans une demi-heure, il va se retrouver face à deux mille cinq cents invités qui vont manger du steak et, éventuellement, lui poser des questions embarrassantes. Il ne pourra pas leur dire que, depuis le 19 juin dernier, date à laquelle il a approuvé un nouveau plan secret, les choses ont évolué.

JFK sait, lui, qu'un coup d'État, un *golpe*, est prévu pour le 1er décembre. Dans quelques jours, Fidel Castro sera mort.

Les États-Unis pourront reprendre leur paradis tropical, avec daiquiris, bordels, dollars et le fantôme de Hemingway.

Le 22 novembre 1963, tout se noue. Rolando Cubela se trouve à Paris pour les dernières instructions, Carlos Marcello comparaît devant ses juges, Jimmy Hoffa est en procès, Lyndon Johnson est sur le point d'être destitué, Fidel Castro doit recevoir un journaliste français et déjeuner avec lui, Santo Trafficante et Joseph Milteer préparent quelque chose, les milliardaires de Dallas sont aux aguets, un coup d'État vient d'avoir lieu à Saigon, un autre se prépare à La Havane.

Après novembre 1963, se dit JFK, plus rien ne sera pareil. Son premier mandat a été marqué par des hauts et des bas. Le second sera celui de la maturité.

Same player shoots again.

CHAPITRE 11

Le coup de grâce

Tandis que le défilé de voitures approche, Lee Bowers, un employé de la compagnie ferroviaire, travaille dans sa cabine, perchée sur une sorte de mirador à trois mètres au-dessus de la voie ferrée. De là, Bowers aperçoit Dealey Plaza devant lui, le Texas School Book Depository, l'arrière du talus et la clôture, le parking en haut, et, à droite et à gauche, les rails. Son rôle est de surveiller les trains et de vérifier si la signalisation est adéquate. Depuis quelques instants, sans y prêter réellement attention, il suit ce qui se passe. Il y a une heure, peut-être, deux voitures sont venues dans le parking – et reparties. La première était un break Oldsmobile bleu et blanc qui n'était pas immatriculé au Texas. Il y avait un sticker « Goldwater for President » nettement lisible sur le pare-chocs, et de la boue sur les jantes. Le conducteur a fait le tour du parking, puis a repris la route. La deuxième voiture était une Ford noire modèle 1957 ; le type au volant, semble-t-il, parlait dans un micro. Là aussi, un petit tour et s'en est allé. Un troisième véhicule, une Chevrolet

Impala avec un sticker Goldwater, marquée par des éclaboussures de boue, est arrivé vers 12 h 20, et est resté.

Deux hommes se sont installés derrière la clôture, sur le talus : l'un d'entre eux est d'âge mûr, et costaud. L'autre, plus jeune, porte une chemise à carreaux. Ils semblent attendre, en fumant. Lee Bowers les voit bien.

Un spectateur posté près de la route note la présence de quelqu'un au cinquième étage du Texas School Book Depository, mais à une fenêtre opposée à celles qui surplombent la route. Au même étage, il y a un autre homme, en chemise à col ouvert sur un tee-shirt blanc. Celui-ci est de teint mat, « sans doute mexicain ou métis ».

Jack Ruby, assis au deuxième étage du *Dallas Morning News*, contemple Dealey Plaza. Il attend, sans rien faire. Il a envie de voir, même de loin, ce Président qu'il aime bien, et que cette annonce encadrée de noir dans le journal a insulté.

Sur le chemin du défilé, entre le bâtiment du journal et le Texas School Book Depository, il y a le palais de justice et les cellules. Dans l'une d'entre elles, deux prisonniers aperçoivent deux hommes, au cinquième étage du Texas School Book Depository, qui semblent assembler quelque chose. Un fusil, peut-être ?

Trois minutes avant l'arrivée du défilé, un jeune soldat, Gordon Arnold, cherche un bon point de vue sur Dealey Plaza. Il a une petite caméra entre les mains, et repère la clôture en haut du talus. Mais là, un homme lui montre rapidement un badge du Secret Service et lui demande de circuler. Arnold redescend de quelques mètres et se place derrière Abraham Zapruder. Il a envie de réussir ses images. Dans quarante-huit heures, il doit partir pour sa nouvelle base militaire, en Alaska. Il apprendra plus tard qu'il n'y a jamais eu d'agent du Secret Service au sol. Tous étaient en voiture.

Il est 12 h 29. Cinq motos débouchent sur Dealey Plaza. Les spectateurs aperçoivent, un peu plus loin, la limousine présidentielle, dont le capot interminable s'orne de deux fanions officiels. Le défilé longe le building Dal-Tex, arrive en face du Texas School Book Depository, devant lequel il faudra opérer un virage sur la gauche, et ralentir considérablement. Déjà, il y a des applaudissements, des cris. L'ambiance est celle d'un dimanche de vacances. Jackie Kennedy retient son petit chapeau rose. Le Président, du côté droit de la voiture, salue et sourit, du sourire Kennedy, plein de dents. Nellie Connally se retourne et, s'adressant à JFK, dit :

– Monsieur le Président, peut-on vous faire croire que personne ne vous aime, à Dallas ?

Réponse :

– Non, c'est sûr.

Derrière, dans la voiture de Lyndon Johnson, la température est plus fraîche. Le Texan est nettement crispé. Ses jours sont comptés. Son avenir politique ne dépasse pas la longueur de « Jumbo ». Son garde du corps, Rufus Youngblood, essaie de le tranquilliser : « Dans cinq minutes, on sera au Trade Mart. » Youngblood est un homme calme, rarement pris au dépourvu. Né en Géorgie, il est entré au Secret Service en 1951, a fait partie de la protection rapprochée du président Truman puis du président Einsenhower. Après un temps à Atlanta, il est revenu à Washington et a été affecté au service du vice-président en mars 1961, pour un voyage au Sénégal. À l'époque, le vice-président avait droit à des gardes du corps uniquement lors d'un déplacement. En octobre 1962, avec la crise des fusées, tout a changé. Alors que LBJ disposait de deux agents occasionnels, il a désormais vingt-six Men in Black à plein temps. Il n'aime pas. D'ailleurs, il n'aime rien, sinon ses bouteilles de Cutty Sark et ses parties de jambes en l'air un peu partout.

Rufus Youngblood s'est adapté. Il sait que son patron est un gueulard, un alcoolique, un manipulateur, un dingue. Ils n'ont d'autre relation que celle de chef à subordonné. Mais Youngblood est persuadé, au fond, qu'il suffirait de crier plus fort pour que l'autre s'allonge. Mais ça n'arrivera jamais, pour sûr.

Bill Greer, le chauffeur du Président, est soulagé. Il a l'impression de sortir d'un canyon. Sur Dealey Plaza, il y a moins de monde, et, à partir du tunnel, tout sera quasiment terminé. Il balaie du regard cet espace qui s'ouvre devant lui. À gauche, il y a des bassins où le soleil se reflète. À droite, après le virage, la petite pergola en demi-cercle, avec la statue de George B. Dealey, mort en 1946. L'homme de bronze a la main droite sortie comme pour discuter, la main gauche dans la poche de son pantalon, et semble contempler l'avenir. La statue a été érigée pour célébrer une vie consacrée « à la gloire de Dieu et au bien de l'humanité ». Debout sur sa rambarde, maintenu par sa réceptionniste, Abraham Zapruder enclenche sa caméra. La voiture approche, en face du Texas School Book Depository, à chaque seconde le Président est plus visible, et il n'y a aucun arbre, aucun obstacle. Pour un tireur posté là-haut, ce serait l'angle et le moment idéals. Rien ne se passe. Greer entame le virage, qui fait un angle de 120°. Or, les règles de conduite du véhicule présidentiel interdisent qu'on négocie un virage supérieur à 90°. Le trajet doit être établi en tenant compte de cet impératif.

Mais comment faire autrement, ici ? Greer lève le pied.

Dans sa voiture clignotante, le chef Curry annonce à la radio : « J'approche du tunnel. » Sur la pelouse à droite, un homme dépose son fils de cinq ans dans l'herbe, et lui fait agiter la main. Comme prévu, les deux motards qui entourent la voiture sont en retrait. Clint Hill, le garde du corps de Jackie, se trouve sur le marchepied de la voiture immédiatement derrière la SS-100-X du Président. Bill Greer ralentit. Ayant méjugé le virage de 120°, il est légèrement déporté sur la droite, au lieu de rester bien au milieu de la chaussée, au centre de la trois-voies. Il redresse, et, à une centaine de mètres devant lui, voit l'entrée du tunnel, les voies ferrées. Il y a quelques personnes là-haut, et un agent de police. De loin, les agents du Secret Service font signe d'écarter ces curieux, qui seront juste au-dessus de la décapotable du Président dans quelques secondes. Mais, de toute évidence, le policier ne les voit pas. Il se contente de regarder. La voiture du Président commence à s'éloigner du Texas School Book Depository, et, désormais, est en partie dissimulée par les arbres.

Un collégien de seize ans fait un signe. Le Président l'aperçoit et lui répond de la main. Le gamin est ravi.

Chez Ruth Paine, Marina Oswald suit le journal télévisé, et sa logeuse lui traduit les commentaires. Marina doit sortir, pour faire des courses. « Je reviens vite », dit-elle.

Jackie Kennedy, dans la voiture, plisse les yeux. Dans le building du Texas School Book Depository, trois employés noirs, Bonnie Ray Williams, Harold Norman et James Jarman, au quatrième étage, regardent avec plaisir. Au-dessus d'eux, sur le toit du building, l'horloge publicitaire Hertz marque exactement l'heure : 12 h 30.

Le Président se passe la main dans les cheveux.

Un coup de feu retentit.

Le temps semble s'arrêter. Les pigeons de Dealey Plaza s'envolent au ralenti.

C'est un bruit parmi tant d'autres, noyé dans les pétarades de motos, et les acclamations de la foule. Un pétard, peut-être ? Une jeune femme voit des étincelles au sol, sur la voie à gauche de la voiture. La balle se perd, non sans ébrécher le béton du trottoir, dont un éclat égratigne la joue d'un spectateur, James Tague. Celui-ci est debout près du tunnel, à 160 mètres du Texas School Book Depository. Il ne comprend pas ce qui vient de se passer.

La plupart des gardes du corps se demandent ce qu'est ce bruit, comme un bouchon de champagne. Personne ne peut imaginer qu'on vient de tirer sur le président des États-Unis. Personne, sauf Rufus Youngblood. Celui-ci, assis à côté du chauffeur de la limousine du vice-président, est immédiatement en alerte. Il est vrai que la veille, il n'a pas été se distraire dans les bas-fonds de Fort Worth avec les autres. Il réagit instantanément. Youngblood se tourne vers Johnson, lui agrippe l'épaule et crie : « DOWN ! »

Il n'est pas le seul à identifier le son d'un coup de feu, cependant. Le gouverneur Connally, grand chasseur devant l'Éternel, étiquette tout de suite le son. C'est une arme. Il se tourne, cherche d'où vient le coup, ne voit rien. Les agents du Secret Service debout sur les marchepieds de la deuxième voiture ont l'air de types qui font leurs comptes sur les doigts. Ils sont étonnés, vaguement.

Une seconde et demie plus tard, un deuxième coup – et un troisième ? – retentit. Charles Brehm, l'homme qui a posé son fils dans l'herbe, voit le visage du Président se crisper. Abraham Zapruder, qui a perdu son sujet une fraction de seconde dans le virage à cause d'un panneau de signalisation masquant la scène, recadre Kennedy en train de porter les mains à sa poitrine, comme s'il tentait d'arracher sa chemise. L'un des gardes du corps, enfin, comprend : « Il est touché ! » crie-t-il, et il tente de s'emparer du fusil qui est toujours présent dans la voiture, mais un autre garde du corps l'a déjà saisi. D'où est venu le tir ? D'en haut ? D'en face ? Il n'y a pas trace de fumée, pas de lieu où fixer le regard. Roy Kellerman, l'agent qui est assis dans la limousine présidentielle, à l'avant, se tourne et entend le gouverneur Connally répéter : « No no no. » Celui-ci ressent une douleur. Sa chemise se couvre de sang. Il s'écrie : « Ils vont tous nous tuer ! » Sa femme l'attire vers elle et tente de le protéger. Le chauffeur essaie de voir ce qui se passe derrière lui. Ce faisant, son pied se lève et la voiture ralentit. Exactement ce qu'il ne faut pas faire. De 17 km/h, le véhicule passe à 11 km/h.

Jackie regarde son mari.

Kellerman crie : « On nous tire dessus ! On bouge ! » Mais le temps de reprendre le contrôle de la voiture, quelques précieuses secondes s'écoulent. Dave Powers, le Special Assistant de JFK, est immédiatement certain qu'un coup de feu est venu du talus. Le soldat Gordon Arnold se jette au sol. Il a l'impression que les tirs sont partis juste derrière lui, donc du talus. Il estime la distance entre le tireur et la voiture à trente mètres, instinctivement. Le sénateur Yarborough voit Arnold et se dit : « Voilà un type qui sait se comporter. »

Derrière, Rufus Youngblood plonge par-dessus le dossier de la banquette. Il se couche sur Lyndon Johnson, lequel est tassé, le plus bas possible. Visiblement, il est terrifié. Lady Bird se baisse. Le sénateur Yarborough aussi. C'est un habitué des armes à feu, il en possède une belle collection. Il n'a pas besoin de réfléchir : il sait. De plus, il *sent*. L'odeur de la poudre. Son nez lui indique d'où est venu le tir : de devant. Il est dans la ligne de tir. Va-t-il s'allonger ? Pas question. « Je suis le sénateur du Texas, se dit-il. Pas un lâche. » Il baisse la tête, c'est tout.

Sur les pelouses, les spectateurs ne comprennent pas. Certains pensent que le Président a laissé tomber quelque chose sur la banquette. Abraham Zapruder, lui, ne se pose pas de questions. Dans son enfance, là-bas, il a vu des morts, du sang, des exécutions. Il reste l'œil rivé à la caméra. Le collégien noir auquel JFK a adressé un salut, il y a quelques secondes, est certain d'apercevoir un tuyau qui sort d'une fenêtre du Texas School Book Depository, au cinquième étage. Il pense qu'il s'agit d'un fusil.

Un nouveau coup de feu retentit. Entre les buildings, le tunnel devant et le talus à droite, il y a du bruit, de l'écho. Certains entendent une seule détonation, d'autres deux, certains jurent qu'il y en a trois, presque simultanées. Le Président est projeté vers l'avant, comme si on l'avait frappé dans le dos. Au-dessus de la voie ferrée, Sam M. Holland, un employé de la Union Terminal Company, entend tout. Jusqu'à la fin de sa vie, il assurera qu'il y a eu quatre coups de feu, et non trois. Glenn Bennett, l'un des agents du Secret Service, voit que la veste du Président, dans le dos, a un accroc à hauteur des omoplates. Il se dit que JFK a reçu une balle par-derrière. Lee Bowers, dans son mirador, aperçoit un flash et de la fumée du côté des deux hommes derrière la clôture. L'un de ceux-ci prend appui, avec le pied, sur le pare-chocs d'une voiture.

Bowers constate, horrifié, que le Président est touché de face, au visage. Abraham Zapruder est rivé à sa caméra. Dans son viseur, la tête du Président explose. La réceptionniste, qui maintient Zapruder, est stupéfaite : le cerveau du Président s'est littéralement émietté, et toute la partie du crâne comprise entre le front et l'oreille, du côté droit, n'existe plus. C'est un spectacle horrible : la matière cérébrale, engluée dans du rouge, jaillit. La balle, entrée un peu au-dessus de l'arcade sourcilière, a touché l'os frontal, et un halo a jailli autour du visage du Président. Une étrange tache jaune est alors apparue, pendant une fraction de seconde, qui a semblé englober le haut du visage du Président. Une balle au phosphore ?

Le corps de JFK s'affale vers la gauche. Dans la voiture du Secret Service, l'agent Landis se dit : « Il ne peut pas être vivant. » Connally, lui, est blessé, grièvement. Il souffre, et, encore conscient, sait que le Président a été touché. Nellie Connally entend Jackie s'écrier : « Mon Dieu, ils ont tué mon mari ! J'ai de la cervelle dans ma main ! » Juste à ce moment, le chauffeur reprend ses esprits, et donne les pleins gaz. Les trois tonnes et demie d'acier s'ébranlent.

Le motard de gauche est persuadé d'avoir été touché lui-même. Un morceau d'os et de matière cervicale est collé à sa lèvre inférieure. Il s'arrête, cale sa moto et se dirige vivement vers le talus. L'autre motard fait de même, et s'élance à pied vers le Texas School Book Depository. Sur le toit de l'immeuble du Terminal Annex, juste en face, un employé, Jesse C. Price, voit un homme courir. Parti du haut du talus, celui-ci se dirige vers les voies ferrées, où se trouvent des wagons en stationnement. L'homme, vêtu d'une chemise blanche, a de longs cheveux noirs et tient quelque chose. Lee Bowers, de son mirador, le voit aussi.

Un garde du corps, John Ready, saute sur la chaussée et se met à courir pour rattraper la limousine du Président, mais c'est trop tard. Jackie crie : « Ils lui ont tiré dans la tête ! » Sur la pelouse à gauche de la voiture, deux femmes qui faisaient des photos se couchent en criant : « On tire ! » À droite, le père couvre de son corps celui de son fils de cinq ans. Charles Brehm est un ex-sergent qui a été blessé lors du débarquement en France. Il n'y a aucun doute dans son esprit : le Président a été tué net. Non loin de lui, Zapruder, la voix tremblante, murmure : « On l'a tué, on l'a tué » et continue à filmer. Il suit la limousine jusqu'à ce qu'elle disparaisse dans le tunnel.

Tout autour, c'est la confusion. Les gens sont à plat ventre, la tête entre les mains, ou bien courent vers quelque chose. La plupart se précipitent vers le talus, certains que le coup de feu mortel est venu de là. Plus tard, sur deux cent soixante-six témoins, trente-deux diront que les balles venaient du Texas School Book Depository et cinquante et un pointeront le talus. Le shérif Bill Decker, qui se trouve dans la voiture de tête, agrippe le micro et donne l'ordre à tous ses hommes de se concentrer sur la voie ferrée.

Clint Hill, qui maintient Jackie, regarde le Président. Il

lève la main, et donne le signal, pouce baissé, à ses confrères. Son supérieur hiérarchique, Emory Roberts, réalise que c'est fini. Désormais, le nouveau Président, c'est Lyndon Johnson. Il donne immédiatement des instructions pour que LBJ soit hautement protégé, dès l'arrivée à l'hôpital. Si c'est une tentative pour décapiter le gouvernement des États-Unis, il faut absolument s'attendre au pire.

La cohorte de voitures passe le tunnel, ressort sur l'autoroute. Les motards, en tête, ouvrent le chemin. Johnson, toujours couché, entend son garde du corps qui dit :

– Quand on arrivera à l'hôpital, vous et Mrs Johnson, vous restez collés à moi. Il est probable que ce soit vous qui allez être Président. On ne s'arrête pour rien ni personne. Vous comprenez ? VOUS COMPRENEZ ? On se sépare des autres dès l'arrivée !

Le ton est sans réplique. Le vice-président n'a jamais entendu son agent lui parler ainsi. Il répond simplement :

– OK, partenaire.

Les voitures accélèrent. Clint Hill, près de Jackie, tape du poing sur le coffre. Il est en rage, il est au désespoir, aussi. Le Secret Service a failli. Il voit le gouverneur Connally fermer les yeux. Sa femme lui murmure : « Ça va aller, ça va aller. » En fait, elle pense qu'il est mort. Derrière, Jackie sanglote : « On l'a tué, on l'a tué. Jack, je t'aime ! » Elle répète les mêmes phrases. On s'approche du complexe de Parkland Hospital. Au début, en 1894, c'était une baraque en planches. Près de soixante-dix ans plus tard, l'ensemble des bâtiments atteint des proportions importantes. Il y a mille lits, trois unités d'urgence, une unité pour les grands brûlés, célèbre aux États-Unis. On traite deux cent soixante-douze patients par jour. Il est interdit de transfuser le sang des Noirs à des patients blancs, et vice versa. À Dallas, on ne se mélange pas, même à l'orée de la mort.

Pour arriver à l'hôpital, il faut traverser une voie ferrée légèrement surélevée. La Lincoln, lancée à pleine vitesse, décolle. Les trois tonnes et demie de métal atterrissent six mètres plus loin, dans un bruit terrible. Des étincelles jaillissent. Les pneus hurlent. Il reste un kilomètre à parcourir.

Quand la voiture s'arrête devant l'entrée des urgences, l'agent Kellerman se précipite et ouvre la porte. L'hôpital a-t-il été prévenu ? Il n'y a personne. Kellerman donne des ordres : « Des civières ! » Connally ouvre les yeux. Une infirmière et un aide-soignant se manifestent. Dave Powers bondit de la troisième voiture et court vers Jackie. Un homme du Secret Service tente de s'interposer, mais Powers n'en tient pas compte. Il voit le Président, la tête éclatée posée sur les genoux de Jackie. Elle regarde Powers, éteinte, et dit : « Dave, il est mort. » Un œil pend. Powers éclate en sanglots.

Tandis que Johnson est emmené manu militari à l'intérieur du bâtiment, Jackie ne bouge pas. On lui dit : « Il faut sortir. » Elle répond : « Pourquoi ? » Sur le strapontin devant elle, Nellie Connally est irritée : tout le monde s'occupe d'un mort, alors qu'il faut prendre en charge le vivant. Elle élève la voix. On allonge le gouverneur Connally sur une civière roulante.

Roy Kellerman essaie d'aider Jackie à se lever. Elle résiste. « Je veux rester avec lui. » Elle gémit doucement. Clint Hill lui touche l'épaule : « S'il vous plaît, madame. » Non. Il répète, « s'il vous plaît ». Non. « On doit l'emmener. » Elle réplique : « Il est mort. Laissez-moi. »

Clint Hill réalise qu'elle ne veut pas qu'on voie son mari dans cet état. Il enlève sa veste, recouvre la tête du président, Jackie cède. Une deuxième civière emmène JFK. Jackie suit. Par terre, devant la banquette, il reste le petit chapeau rose et le bouquet de fleurs rouges.

Les deux sont noyés dans le sang.

CHAPITRE 12

C'est le chaos

Les policiers courent vers deux endroits, sur Dealey Plaza : certains, vers le talus ; les autres, vers le Texas School Book Depository. Le motard Marrion L. Baker, encore couvert de sang, est le premier à arriver dans le bâtiment. Il a passé le week-end à chasser, donc il ne s'est pas mépris sur le son du coup de feu. Son arme de service en main, il entre dans le hall, et, immédiatement, tombe sur Roy Truly, le contremaître. Ce dernier se trouvait dehors au moment de l'assassinat. Il pense que les coups de feu provenaient du talus, mais propose son aide pour fouiller le bâtiment. Marrion Baker lui dit : « Venez. » Les deux hommes se précipitent vers les monte-charges, mais il faut attendre que ceux-ci descendent du quatrième étage. Pas le temps. Baker s'engouffre dans la cage d'escalier, monte quatre à quatre. Parvenu au premier étage, le policier aperçoit du mouvement. Par la porte vitrée de la cafétéria, il voit un homme devant le distributeur de Coca. « Approchez », dit Baker, tendu. L'homme s'avance. Il n'a pas l'air inquiet ni essoufflé, juste un peu étonné. Baker demande à Truly :

– Vous le connaissez ?

– Oui, il travaille ici.

Baker et Truly repartent en vitesse. Lee Harvey Oswald ne dit rien. Quatre-vingt-dix secondes se sont écoulées depuis la balle mortelle.

Victoria Adams, la secrétaire qui observait le défilé depuis le troisième étage avec ses amies, n'a pas attendu tout ce temps. Elle est descendue presque immédiatement, une minute après le meurtre. Au rez-de-chaussée, elle voit deux employés. Dans l'escalier, elle n'a croisé personne.

L'agent de police Joe Smith, qui était de garde au coin de la rue, devant le Texas School Book Depository, est persuadé que les coups de feu sont venus du talus ou bien de la voie ferrée. Il court dans cette direction. Il sent une odeur de poudre. Il sort son arme de service, mais pour quoi faire ? Il la range et, en arrivant en haut, sur le parking, il tombe sur un homme vêtu d'une chemise à col ouvert qui lui montre son badge du Secret Service et tourne les talons. Joe Smith note que le type ressemble à un mécano, et qu'il a les mains très sales. Weitzman, l'adjoint du shérif, qui a suivi Joe Smith, interpelle l'homme. Qui lui montre aussi son badge. Weitzman laisse aller. Il se tourne vers la clôture sur le talus, où poussent des arbustes, et constate qu'il y a des empreintes, au sol, comme si quelqu'un avait piétiné dans tous les sens. Pendant ce temps, Joe Smith vérifie l'intérieur d'une Chevrolet garée à proximité, mais n'ouvre pas le coffre.

Sur Dealey Plaza, c'est la confusion. Les gens sont figés ou courent dans tous les sens. Des femmes se mettent à pleurer. Des policiers se déploient, sans ordre apparent. Personne n'a la moindre idée de ce qu'il faut faire. Les journalistes cherchent des téléphones, les spectateurs se demandent où aller, plus rien n'a de sens. Abraham Zapruder descend de sa rambarde. Il est en état de choc. Il sait ce qu'il vient de filmer.

À l'hôpital, le même souk règne. Kellerman entre dans le bureau d'un médecin, demande à utiliser le téléphone. Il contacte le chef du Secret Service à Washington, et explique que le Président a été touché. Il précise : « Indiquez bien l'heure. » Il est 12 h 38. Le numéro de dossier de Kennedy, John F., est 24740. Tout le long du couloir, vers la salle des urgences, il y a une traînée de sang.

Connally, John, est enregistré sous le numéro 24743.

LBJ est entouré d'un mur de gardes du corps. Cet empressement lui fait peur. Brusquement, le vice-président se sent transformé en cible. Rufus Youngblood le fait avancer, le pousse d'une main dans le dos dans les couloirs. L'agent repère une pièce un peu isolée, utilisée pour recevoir les patients valides. Il y a un malade qu'on expulse, et, immédiatement, les Men in Black baissent les stores. L'accès est sécurisé. Personne ne peut entrer. Youngblood place son client dans le coin le plus éloigné de la porte. Lady Bird les rejoint. L'agent dit : « Je reste collé à vous comme une tique jusqu'à ce qu'on sache ce qui s'est passé. »

Dans l'un des couloirs, Jackie est secouée de sanglots. Le sang de son mari coule sur ses jambes. Un garde du corps a eu la présence d'esprit de ramasser le sac à main et le briquet de la Première Dame. Les médecins se précipitent dans la Trauma Room n° 1. Le corps du Président est posé sur la table d'examen, on le déshabille, son corset est découpé. La moitié de sa tête n'existe plus. Pourtant, il y a encore un pouls, irrégulier. Techniquement, JFK est vivant. Kemp Clark, le neurochirurgien, constate les dégâts : « Il n'y a rien à faire. » À chaque battement de cœur, le sang jaillit et cascade sur le sol.

Baker et Truly arrivent au quatrième étage du Texas School Book Depository et prennent l'un des monte-charges, qui les amène au sixième, le dernier étage. Ils sortent et débouchent sur le toit. Personne.

Smith et Weitzman continuent à chercher du côté des voies ferrées. Des cheminots les rejoignent. Tous sont certains d'avoir vu un nuage de fumée sur le talus. Un autre policier, Tom G. Tilson, est sur les lieux, en voiture, avec sa fille. C'est son jour de repos et son service est couvert par un confrère, J. D. Tippit. Au moment où il passe sur Dealey Plaza, il voit un homme qui descend du talus, en provenance des voies ferrées. De l'autre côté du tunnel, il y a une voiture noire, garée. L'homme jette quelque chose sur la banquette arrière, monte dans la voiture et s'en va. Tilson se demande pourquoi un individu s'éloignerait, alors que tout le monde se dirige, au contraire, vers le lieu du crime. Tilson décide de suivre la voiture noire. Il accélère, traverse le tunnel, et demande à sa fille de noter le numéro d'immatriculation. En arrivant sur l'autoroute, il perd la filature. Après vérification, il apparaît que la plaque d'immatriculation a été volée en Géorgie.

Autour du Texas School Book Depository, les spectateurs se regardent mutuellement. Que faire ? Un étudiant de vingt ans, James Worrell, voit un homme sortir par la porte arrière du bâtiment en marchant vite. L'homme est vêtu d'une veste foncée, tête nue, et a les mains vides. Est-ce le même homme qu'un autre témoin a vu à la fenêtre du sixième étage ? L'inconnu se dirige vers Commerce Street et, là, monte dans un break Rambler immatriculé au Texas. Au volant, un Noir. La voiture démarre aussitôt, et s'éloigne de Dealey Palza. Plusieurs personnes ont vu la Rambler, et confient leurs témoignages à un agent du Secret Service, sur place. Un policier, le sergent D. V. Harkness, voit un groupe d'hommes armés et s'adresse à eux. « Secret Service », disent-ils. Un adolescent s'approche de lui, et lui explique qu'il a vu un tuyau, ou un fusil, dépasser de l'une des fenêtres, au cinquième étage. Le gamin précise :

– L'homme était noir.

– Sûr ?

– Sûr.

Peu à peu, l'attention se concentre sur le Texas School Book Depository. Mais il faudra vingt-huit minutes avant que les entrées et sorties soient interdites. Lee Harvey Oswald en est déjà parti, tranquillement, et s'éloigne.

Mary Bledsoe, dans son bus, patiente dans un embouteillage. C'est une quinquagénaire sans charme qui loue une chambre de son appartement pour gagner un peu d'argent. Quelqu'un, voit-elle, tente de monter dans le bus, au milieu des voitures. Le chauffeur ouvre, un homme verse les 23 cents du ticket et s'assied au deuxième rang. Mary Bledsoe le reconnaît instantanément : c'est Lee Harvey Oswald. Il lui a loué une chambre le mois dernier, mais il y avait quelque chose de déplaisant chez ce locataire, qui se plaignait constamment de ne pas avoir de travail et qui monopolisait le téléphone. En plus, il parlait russe, parfois. Au bout d'une semaine, elle l'a prié de partir.

Abraham Zapruder pleure. Il a tout vu. Tout filmé. Un journaliste du *Dallas Morning News* l'interroge.

– Où allez-vous ?

– Au bureau.

Le reporter sent le scoop. Il veut mettre la main sur le film. Il lui faut l'appui d'un des responsables du Secret Service. Il se met en quête, tandis que Zapruder entre dans l'immeuble Dal-Tex, en larmes, et dit à son fils de vingt-six ans :

– Ils l'ont tué, ils l'ont tué.

Le Dal-Tex est dans le prolongement exact de la route, et fait face au tunnel sous la voie ferrée. Les fenêtres en sont bien mieux placées que celles du Texas School Book Depository : aucun arbre ne vient gêner, et la ligne de tir est franche. Alors que les policiers se dispersent, quelques personnes leur indiquent le Dal-Tex. Un jeune homme est interpellé. Il porte un blouson de cuir noir et des gants. Un deuxième individu est questionné. Mais on ne retient aucune charge, rien. Les deux hommes repartent.

La nouvelle commence à se répandre. Les radios interrompent leurs programmes, les télés coupent court. « Des coups de feu ont été tirés sur le président des États-Unis, à Dallas. Il aurait été sérieusement blessé. » Tout d'un coup, la vie s'arrête. Dans les bureaux, les machines à écrire sont silencieuses. Dans la rue, la circulation stoppe. Dans les foyers, les femmes s'approchent du poste. Dans les bars, dans les restaurants, les verres et les fourchettes restent sur les tables. C'est comme si une chape invisible était tombée sur le pays. Des coups de feu ? Tirés ? Il est donc blessé ? Chacun attend la suite et retient son souffle. Marina Oswald, qui a fini de faire ses courses, entend son amie Ruth Paine pousser une exclamation. Que se passe-t-il ? Ruth, en russe, lui explique : « On a tiré sur le Président. » Marina se met à pleurer.

À l'hôpital, le docteur Charles Carrico est désespéré. Avec les autres chirurgiens, il constate que le Président a une blessure – une entrée – au niveau de la gorge, et que toute la partie arrière du crâne n'existe plus. Tous les médecins se concentrent sur l'infime possibilité de maintenir JFK en vie. L'examen est sommaire, personne ne semble remarquer la blessure dans le dos. Mais pour aucun des docteurs il n'y a de doute : le souffle du blessé est faible, ses pupilles dilatées, son pouls inexistant. On l'intube, on injecte une solution dans sa jambe, et la salle d'opération se remplit de gens, peu à peu. Il y a des agents du Secret Service, des policiers, des internes, des spécialistes, des infirmières. Et Jackie.

Une soignante, Doris Nelson, essaie de faire le ménage. Elle repousse Jackie. Celle-ci refuse de quitter la salle. Le ton monte. L'infirmière est près d'aboyer quand le médecin personnel de JFK, l'amiral Burkley, intervient. Jackie : « Je veux être présente au moment de sa mort. » L'aboyeuse s'efface.

Jackie s'approche du docteur Jenkins, l'anesthésiste en chef. Lui a constaté qu'il y a deux blessures sur le corps de JFK, devant et derrière, mais ne dit rien. Pendant des années, on cherchera à le convaincre du contraire.

On ajoute des draps autour de JFK. Chaque toile s'imbibe de sang, en fleurs qui s'agrandissent. Les gestes médicaux s'enchaînent : massage cardiaque, intubation dans la blessure de la gorge, injections. Rien n'y fait, évidemment. La vie s'en va.

Dans l'autre salle, Trauma Room n° 2, le docteur

Robert Shaw soigne le gouverneur Connally. Ses blessures sont graves, mais pas mortelles.

En ville, tous les policiers sont mobilisés. Ils se concentrent sur les lieux du crime et commencent à interroger tout le monde. Il n'y a pas de méthode, pas de grille de lecture ; tout est fait au petit bonheur la chance. L'agent J. D. Tippit est l'un des rares qui soit ailleurs : alors qu'il est garé dans une station Texaco et surveille la circulation, il remonte dans sa voiture et se rend dans le quartier d'Oak Cliff. C'est la direction générale vers laquelle on pense que l'un des témoins – ou suspects – se dirige. Il faut l'intercepter. Lee Harvey Oswald, en effet, va vers Oak Cliff. Agacé par la lenteur de la circulation, il est descendu du bus. Il marche un peu, monte dans un taxi.

Devant l'hôpital, des groupes se forment. Les gens pleurent, ou errent sans but. Des policiers se regroupent. La limousine présidentielle reste là, oubliée. Un spectateur se penche et trempe son mouchoir dans le sang. Une femme l'imite. Un agent du Secret Service nettoie la portière. Les fleurs sont là, engluées. Un policier remarque que l'encadrement du pare-brise est entaillé. Une balle a donc ricoché ? Mais la foule oblitère la scène de crime. Très vite, il n'y a plus rien à relever, aucune conclusion à tirer. Comme indice matériel, la SS-100-X ne vaut plus rien. Quant aux vêtements du Président et ceux du gouverneur, ils sont simplement placés dans des sacs-poubelle, puis envoyés au pressing. Et les traces matérielles, les analyses, les preuves, les indices ? Personne n'y pense. L'incompétence règne.

Il est vrai qu'en 1963, il n'y a pas *Les Experts* à la télé. Le Luminol est inconnu, la balistique balbutiante, la police scientifique dans les limbes ; seuls les relevés d'empreintes digitales et les tests à la paraffine sont pratiqués, notamment par le FBI.

Tippit arrive dans le quartier d'Oak Cliff. Pressé, il entre dans un magasin de disques, essaie de téléphoner, raccroche, et repart. Prend-il des ordres ? De qui ? Si c'est de sa hiérarchie, pourquoi n'utilise-t-il pas sa radio de bord ?

Le vice-président, terré dans un coin de l'hôpital, ne sait rien de ce qui se passe. Il n'a même pas eu le temps de voir le corps de JFK. Lady Bird, elle, a jeté un coup d'œil avant d'être poussée à l'abri. À 12 h 38, l'un des gardes du corps vient faire un rapport : « Il semble que le Président ne s'en sortira pas. » Lyndon Johnson blêmit. Si complot il y a, il est désormais en première ligne. Depuis le temps qu'il fréquente des voyous, des politiciens sans foi ni loi, des pistoleros au service d'intérêts partisans, des nababs capables de tout, il sait que la peau d'un homme ne vaut pas cher. Et ce n'est pas en saisissant ses interlocuteurs par le revers de la veste ou en distribuant des briquets à son effigie qu'il s'en sortira, cette fois-ci. Comme tout le monde, il a vu, le matin même, l'encadré liséré de noir, dans le journal. Et qui est derrière cet appel au meurtre ?

H. L. Hunt.

Qui est l'un de ses amis.

Le plan, donc, est de mettre le vice-président hors de portée. En l'air, si possible. Le Secret Service, encore une fois, raisonne avec une bêtise rare. Pourquoi le nouveau Président serait-il en sécurité à 30 000 pieds ? Parce que JFK a été tué d'une balle ? L'idée est de l'exfiltrer au plus vite. Et de placer Lyndon Johnson à l'endroit le mieux surveillé : la Maison Blanche. LBJ est convaincu d'une chose : il s'agit d'une conspiration. Vaste. Cet homme ne conçoit le monde qu'en système de réseaux, de connaissances occultes, d'influences secrètes. Sa paranoïa joue à plein. Il y a, dans l'ombre, des tueurs qui veulent sa peau, c'est sûr. Il murmure : « C'est international. »

Cependant, s'il s'en va comme un voleur, il aura l'air d'un voleur. Voire d'un assassin. Il balance. En plus, une fois dans l'avion – et Dieu sait qu'il désire être le king d'Air Force One –, l'« Irish Mafia » de JFK va lui mettre des bâtons dans les roues, le discréditer, le désinformer. Et ce morveux de Bobby Kennedy va lui planter des couteaux dans le dos.

Lyndon Johnson réfléchit. Et tranche : pour l'instant, on reste.

Le gouverneur Connally est sur la table d'opération. Il a une blessure sous le bras, mais la radio ne décèle aucun fragment dans la poitrine. Diagnostic : une balle, une seule, a fracturé la cinquième côte, lacéré le lobe médian du poumon, provoqué un hématome au lobe droit. Son poignet est ponctué de fragments métalliques, on en retirera cinq. Un dernier fragment est laissé dans la cuisse : il n'est pas menaçant. Le trajet de la balle est vertical, vu la position du gouverneur dans la voiture. Le tireur était quelque part en hauteur.

Connally est salement touché, mais il survivra. On aura beau lui raconter ce qu'on voudra, jusqu'à la fin de sa vie il restera convaincu qu'il y avait plusieurs tireurs, et certainement plus de trois projectiles. Qu'une seule balle ait pu zigzaguer en l'air et, après avoir suspendu son vol, ait décidé de plonger dans son poumon le fera toujours rire. Pour lui, c'est un conte de fées, cette théorie.

Dans son taxi, Lee Harvey Oswald fait signe au chauffeur de s'arrêter. Le trajet de quatre kilomètres a duré six minutes. Pour parvenir chez lui, dans cette chambre où, dit-il, il faudrait remplacer les rideaux, il lui reste un petit bout à marcher. Quand il arrive au 1026 North Beckely, où il a une chambre pour lui tout seul – sa femme n'y vient jamais –, il passe devant sa logeuse, Earlene Roberts. Elle remarque qu'il ne porte qu'une chemisette et lui lance : « Vous avez l'air pressé ! » Il ne répond pas. Ce jeune homme, qui s'est inscrit chez elle sous le nom de O. H. Lee, est décidément bizarre. Il parle peu, boude souvent, semble dans un autre monde. Parfois, il regarde la télé, de préférence les émissions de Herbert Philbrick, l'espion triple ou quadruple. Mais Earlene Roberts n'en a cure. Des gens étranges, elle en a connu. Elle est originaire de Nashville, Tennessee, et s'est installée à Dallas en 1938. Diabétique, elle est contrainte à l'inactivité, et prend des locataires. Curieusement, sa sœur, Martha Cheek, connaît Jack Ruby : elle a failli s'associer avec lui dans le Carousel Club. Mais le prix demandé – 12 500 dollars – lui a paru trop élevé.

Quelques minutes plus tard, Lee Harvey Oswald ressort. Il a mis un blouson de toile, sous lequel il dissimule son Colt 38. Earlene Roberts regarde par la fenêtre, et voit son locataire se diriger vers l'arrêt de bus. Une voiture de police – marquée n° 107 ou n° 10 – est garée devant la maison. Un bref coup de klaxon – est-ce un signal ? – et le véhicule démarre. Oswald, debout sur le trottoir, semble attendre le bus. Earlene Roberts revient vers la télé.

Sur les registres du commissariat, il n'y a pas trace de policiers dans ce quartier-là. La voiture 107 n'existe pas. En revanche, la voiture 10 est celle de l'agent Tippit.

Au Parkland Hospital, les moniteurs montrent des lignes plates. Il n'y a plus aucun signe de vie. L'un des médecins se tourne vers Jackie.

– Madame, il est mort.

Elle le regarde, puis répond :

– Je sais.

Elle s'avance vers le corps de son mari, tandis que tout le monde détourne les yeux. À travers les draps imbibés de sang, elle l'embrasse sur le ventre, puis sur ce qui reste de son visage. Elle embrasse aussi son orteil, qui dépasse.

La tête basse, immobiles, les médecins ont la gorge serrée. Doris Nelson, l'infirmière, a la vue brouillée par les larmes.

C'est le moment du prêtre. Celui-ci a été prévenu en hâte. Le père Huber est un homme de soixante-dix ans, c'est le curé de Holy Trinity Church. Petit, frêle, Oscar Huber s'est joint à la foule pour voir le Président passer. À 12 h 36, alors qu'il était en train de déjeuner, son assistant, le père James Thompson, l'a interrompu pour lui annoncer que le Président avait été victime d'un tireur. Les deux hommes, rattachés au Parkland Hospital, se sont rués sur les lieux. Ils ont mis un quart d'heure à y parvenir.

Le père Huber donne les derniers sacrements et récite la prière des morts. L'extrême-onction, cependant, n'est pertinente que si le client n'est pas encore mort. Father Huber rassure Jackie : « Je suis sûr que c'est valable. » Il trace, avec le pouce, une croix sur le visage ensanglanté. Ce faisant, il augmente la grâce sanctifiante, efface les péchés, donne le pardon, procure un état de grâce, incite à se résigner à la volonté de Dieu. « Par cette onction sainte, que le Seigneur, en sa grande bonté, te réconforte par la grâce de l'Esprit saint. T'ayant libéré de tous tes péchés, qu'Il te sauve et te relève. »

Selon l'Évangile de saint Marc, ainsi, « beaucoup de démons sont chassés ». Abaddon le destructeur, Asmodée le surintendant de Satan, Mammon le cupide et Bélial le prince de l'Anarchie sont renvoyés à leurs infernaux paluds, dans un déluge de feu et de poix.

Dieu ne fait pas d'erreurs. Les paroles de Charles Guiteau, l'assassin du président Garfield, résonnent : « À chaque fois, Dieu fait le bon choix, en ce qui concerne l'homme et le lieu. C'est ainsi qu'il fait toujours échec aux plans du Diable. » Il est où, Dieu ? Éparpillé dans les trois cents églises de Dallas.

Dallas, Dallas, la ville redevient pure, dans un dernier battement de cœur, dans le dernier signe tracé avec le pouce sur le front du supplicié.

Dallas, cité du sang.

CHAPITRE 13

« Una mala noticia »

Pierre Salinger, le porte-parole de la Maison Blanche, vient de finir son petit déjeuner. Autour de lui, dans l'avion, les voyageurs regardent le soleil sur le Pacifique. La moitié du gouvernement des États-Unis est en train de voler vers Tokyo. Il y a là Robert Manning, le secrétaire d'État pour les Affaires publiques ; Stewart Udall, secrétaire à l'Intérieur ; Dean Rusk, le secrétaire d'État ; Orville Freeman, secrétaire à l'Agriculture ; Luther Hodges, secrétaire au Commerce ; Douglas Dillon, secrétaire au Trésor ; W. Willard Wirtz, secrétaire d'État au Travail ; Myer Feldman, conseiller personnel de JFK, et Walter Heller, président du Conseil économique. C'est une réunion importante qui se prépare : en juin 1961, JFK a rencontré le Premier ministre du Japon, Hayato Ikeda, et un accord de coopération commerciale a été signé. Un groupe baptisé Econcom a été formé. Le Japon est favorablement situé : tout d'abord, il est près de l'URSS, et c'est de là que partent les avions espions U2 – c'est aussi là que Lee Harvey Oswald a été opérateur radar. Ensuite, le Japon est une base nécessaire alors que la guerre du Vietnam est en train de s'embraser et que la Chine communiste est soupçonnée de former un bloc rouge avec l'URSS.

À bord, Dean Rusk vient de recevoir un message, très déformé par la transmission, bourré de fautes et de sigles : « QMVV RIEN RIEN QMVV UPI-207 BALLE NSSS PRÉCÉDÉ KENNEDY X DALLAS. N TEXAS, NOV 22 (.708 LAS TROIS COUPS DE FEU CONTRE LE DÉFILÉ DU PRÉSIDENT KENNEDY AUJOURD'HUI À DALLAS HSQETPEST » PUIS : « SSSSSS FLASH SÉRIOSEMENT BLESSÉ PESTSSSSSS HS 138 KENNEDY BLESSURE PEUT ÊTRE MORTELLE VASSASSINS BALLE HS139PESTSSSSSSSS »

Le secrétaire à l'Agriculture s'étrangle : « Mon Dieu ! » Il sait ce qu'une balle dans le crâne peut faire comme dégâts. Orville Freeman a été blessé par un sniper japonais, pendant la guerre, qui lui a perforé la mâchoire. Il a survécu. Le secrétaire au Commerce a un malaise. Dean Rusk donne l'ordre de faire demi-tour, et de préparer un avion à Honolulu pour rentrer le plus vite possible. Si c'est un complot pour décapiter le gouvernement des États-Unis, il faut agir vite.

Mais, en l'air, il n'y a rien à faire. Sinon prier.

Robert Kennedy s'installe dans le jardin avec ses deux invités. Comme d'habitude, c'est la pagaille dans la maison, où des animaux courent et où des travaux sont effectués. Ethel Kennedy est une maîtresse de maison déplorable. Elle est très garçonne, assez laide, elle joue au foot avec les visiteurs, entretient des relations teintées d'aigreur avec Jackie et, ne sachant discipliner ses enfants Kathleen, Joseph, Robert, David, Mary Courtney, Michael, Mary Kerry et Christopher (elle en aura encore trois autres plus tard), elle leur impose un cadre religieux strict : ils doivent dire les grâces avant chaque repas, faire un chapelet tous les jours, et lire deux chapitres de la Bible avant d'aller se coucher.

Robert Kennedy vient de passer en revue les postes de juge en attente de nomination. Ses invités, Robert Morgenthau et Silvio Mollo, sont importants dans la lutte contre la Mafia. Robert Kennedy veut sonder le terrain : il a besoin de se consacrer à la campagne de son frère, et envisage de demander à Morgenthau d'être le ministre intérimaire. Tout le monde s'assied à côté de la piscine. À peine les convives ont-ils touché à leurs plats que le téléphone sonne. Ethel Kennedy se lève, décroche : « C'est J. Edgar Hoover », dit-elle. Sur un ton glacial, le directeur du FBI informe l'Attorney General : le Président et le gouverneur Connally ont été blessés.

– C'est grave ?

– C'est sérieux.

Bobby raccroche. Se tourne vers les autres :

– On a tiré sur John. C'est peut-être fatal.

Puis il se couvre le visage de ses mains.

Il se précipite vers la maison. Là, il cherche à se renseigner. Impossible : le système téléphonique de Dallas est en rade – trop d'appels. Finalement, il réussit à entrer en contact avec Clint Hill, le garde du corps de Jackie.

– C'est mortel ?

– J'en ai peur.
– Est-il conscient ?
– Non.
– Un prêtre a-t-il été appelé ?
– Oui.

Quand J. Edgar Hoover rappelle pour annoncer la mort du Président, Robert Kennedy se borne à lui dire qu'il est déjà au courant. Il y a, dans la voix de Hoover, un iceberg : nulle sympathie, aucune tristesse, rien. Le FBI n'est pas de la partie – c'est une affaire purement texane. Et, au fond, Hoover éprouve une joie mauvaise, un bonheur haineux devant cette disparition. Depuis quelques minutes, Robert Kennedy, son ennemi intime, n'est plus rien. Il a été, littéralement, émasculé.

Bobby, les mains dans les poches, marche dans le jardin, tête baissée, suivi par son gros terre-neuve.

Puis il donne l'ordre de changer toutes les serrures donnant accès au bureau de son frère et à ses archives. Immédiatement. Et sous surveillance.

Ted Kennedy, le plus jeune frère, a réussi son examen de passage au Sénat. Il préside un débat routinier sur les aides fédérales aux bibliothèques publiques. Il entend un cri : c'est l'attaché de presse du Sénat. Celui-ci se précipite sur lui, le saisit par le coude, l'entraîne vers le télex : une bande de papier sort, dans le bruit des touches qui cliquettent et impriment des mots terribles. Incrédule, frappé de stupeur, le jeune sénateur est paralysé. L'aumônier du Sénat monte à la tribune et cite les mots prononcés par James Garfield, il y a quatre-vingt-dix-huit ans, sur la tombe de Lincoln : « Dieu règne et l'État vit à Washington. »

Ted Kennedy, ayant repris ses esprits, cherche un téléphone pour appeler Robert. Impossible : comme à Dallas, tout le système a planté. Il monte dans sa voiture, passe au salon de coiffure Elizabeth Arden où sa femme Joan s'apprête en vue d'une réception, le soir même. Quand elle voit son mari, qu'elle apprend la nouvelle, Joan Kennedy sent ses jambes se dérober. Ted la regarde, ce n'est pas le moment de faire du cinéma. Agacé, il la laisse sur le canapé, allongée, et file vers la Maison Blanche. Là, le système téléphonique, géré par les militaires, fonctionne. Il appelle sa mère. Rose Kennedy est déjà au courant. Elle va marcher sur la plage et prier.

En revanche, le vieux Joe Kennedy, paralysé, est maintenu dans l'ignorance. Ted et Robert veulent aller à Hyannisport, en hélicoptère. Joan Kennedy souhaite venir. « Non », répond son mari. « Que puis-je faire ? » demande-t-elle. « Va te coucher. Prends une pilule. » Sous-entendu : fous-moi la paix. Joan Kennedy est écartée au moment crucial, avec rudesse. Une heure plus tard, chez elle, un camion se présente. C'est le traiteur, pour la soirée.

Joan reste là, les bras ballants. Seule.

Le capitaine Fritz s'est assuré qu'il n'y a personne au dernier étage du Texas School Book Depository. Il y a des caisses de livres au sixième étage, avec quelques chaises.

En plus, les fenêtres sont fermées. Les policiers descendent au cinquième. Là, c'est plus encombré. Des murs de cartons obstruent la vision. L'un des agents fait signe : il vient de tomber sur ce qui ressemble à un poste d'observation – ou de tir. Quelques cartons sont rassemblés, formant un carré, devant la fenêtre la plus proche de la route. Deux cartons sont empilés devant, et un sac en papier froissé gît par terre. Sur le sol, trois douilles. Fritz décide de faire fouiller tout l'étage. Très vite, l'endroit grouille d'inspecteurs, de policiers, de techniciens. Tout est retourné : caisses, palettes, livres. Chacun sent qu'il y a quelque chose. À un endroit qui a déjà été examiné deux fois, un des enquêteurs voit quelque chose briller. C'est une arme, dissimulée par des boîtes. On photographie. Le capitaine Fritz sort le fusil, le tenant par la bandoulière. C'est un Mauser, pense-t-il, calibre 6,5, dont le magasin est vide. On a mis une lunette télescopique dessus, de mauvaise qualité. Le capitaine fait jouer le mécanisme, et éjecte une balle, une WW. Il la récupère dans sa main, oblitérant du même coup toute empreinte qui pouvait s'y trouver.

À deuxième vue, non, ce n'est pas un Mauser. C'est un Mannlicher-Carcano, mais dont certains éléments ont été fabriqués par Mauser. Au hit-parade des fusils, celui-ci est au bas de l'échelle. C'est une mauvaise arme, fabriquée en 1940, en mauvais état. De plus, la lunette est défectueuse, et la parallaxe déviée. De 3°, dira-t-on. À trente mètres, le tireur aurait donc une erreur de 1,5 mètre… Après chaque tir, il faut réarmer, et, ce faisant, le tireur perd la visée. Enfin, pour couronner le tout, cette arme-ci est vieille – elle fait partie des stocks dont les Italiens se sont débarrassés après la guerre, sur les marchés américains et canadiens – et les différentes parties ont du jeu. Oswald a payé 12,78 dollars pour cette antiquité. Les balles, elles, sont des Winchester-Western de 160 grains. Elles sont vieilles de dix-neuf ans, et ont une vitesse à la bouche de 659 mètres/seconde. Ce n'est pas médiocre, c'est nul.

Les reporters sont là, à l'affût, et relaient la nouvelle instantanément : on a l'arme du crime, c'est sûr.

Marina Oswald, informée par Ruth Paine – « les coups de feu ont été tirés depuis le Texas School Book Depository » – va vérifier dans le garage si le fusil que Lee Harvey Oswald a utilisé pour tirer sur le général Walker est toujours dans sa cachette, dans le garage, enveloppé dans sa couverture. Elle ouvre le placard, voit la couverture. Elle est rassurée.

Un chauffagiste, Howard Brennan, se trouve au coin de la rue, devant le Texas School Book Depository. Il est certain d'avoir vu le tireur, à la fenêtre où se trouve le capitaine Fritz. Tout d'abord, confie-t-il à Forrest Sorrels, le responsable du Secret Service à Dallas, il a cru à un pétard, un feu d'artifice. Il fait une description du suspect : mince, blanc, trente ans, peut-être 1 m 60. L'ennui, évidemment, c'est que Brennan, quarante-quatre ans, n'a pas une vue excellente, et que le tireur se trouvait à une quarantaine de mètres. Mais, assurés d'avoir enfin une piste solide, les policiers communiquent le signalement à toutes les unités en ville. Personne ne se demande comment Brennan a pu estimer la taille du tireur, qui était genou à terre.

– Pourriez-vous l'identifier ?

– Oui, bien sûr.

La chasse à l'homme a commencé.

Le capitaine Fritz pointe les noms des employés du Texas School Book Depository. Il y en a quatre-vingt-dix. Un seul manque : Lee Harvey Oswald. Il faut le retrouver.

Peut-être saura-t-on qui est derrière cet attentat quand le salaud passera aux aveux. LBJ, comme la plupart des Texans, y voit la main d'un rouge. Mais quel rouge ? Khrouchtchev ou Castro ?

À Moscou, il est vingt-trois heures. La nuit est tombée, et Nikita Khrouchtchev lit son courrier, avant d'aller se coucher. C'est un homme de fer : il a traversé la période stalinienne en évitant d'être épuré, il s'est battu contre les nazis avec détermination, il a fait construire le Mur de Berlin et, même s'il semble avoir cédé lors de la crise des fusées, devant JFK, il a obtenu, secrètement, ce qu'il voulait : le démantèlement des rampes de missiles américains dans le nord de la Turquie. Malgré tout, il est l'objet d'une violente campagne de déstabilisation, en URSS. C'est normal, dans la bureaucratie soviétique : il y a toujours des complots, des rumeurs, des règlements de comptes. Monsieur K., qui est au pouvoir depuis dix ans, est chauve, a les dents écartées, un poireau au milieu du visage, et exhibe une épouse aussi décorative qu'une boule de massepain. Jackie, en rencontrant Monsieur K., s'est exclamée : « Quel drôle de petit bonhomme ! »

En 1963, Khrouchtchev a dû affronter des épreuves : la récolte a été lamentable, la sécheresse terrible, on manque de pain, il a fait exploser deux bombes A de quarante mégatonnes dans l'Arctique – mais il sait que l'Armée rouge, réputée colossale, est en fait loin, loin, très loin derrière l'armée des États-Unis. Le mythe de la puissance soviétique est exactement cela : un mythe. Kennedy et Khrouchtchev – les deux K. – ont eu un dernier contact diplomatique le 10 octobre 1963. Il était question – vaguement – d'un programme spatial commun, direction the Moon, Louna. Le Russe a pris la mesure de l'Américain, qu'il considérait comme un poids plume, au début. L'Américain a vu qu'il avait en face de lui un adversaire déterminé, mais pas totalement inhumain.

Le téléphone sonne. Khrouchtchev décroche.

– Bonsoir, camarade Gromyko. Que se passe-t-il ?

Puis :

– Appelez l'ambassadeur. Il faut en savoir plus. C'est peut-être une erreur. Et rappelez-moi tout de suite.

Sentant la gravité du moment, les deux enfants et l'épouse de Monsieur K. le rejoignent. Il leur explique. Le téléphone retentit.

– On a essayé de joindre l'ambassadeur soviétique à Washington, mais ça ne passe pas.

– Mais non ! L'ambassadeur américain à Moscou ! C'est lui qu'il faut appeler !

Dix minutes plus tard, la nouvelle est confirmée. Khrouchtchev pense déjà aux conséquences possibles. Il faut aller aux funérailles, montrer au monde entier que l'URSS n'y est pour rien. Sinon, de nouveau, les va-t-en-guerre vont vouloir vitrifier Moscou.

Quant à aller sur la Lune ensemble…

En privé, Castro affirme que Khrouchtchev a « manqué de couilles ». Il y a des manifestations, à Miami, où le maître du Kremlin est surnommé « Nikita la pédale ». Le *lider maximo* n'a pas une très haute estime de son allié.

Le 22 novembre 1963, Fidel est dans sa maison de plage, à Varadero. Il y a là une dizaine de personnes, dont l'invité d'honneur, Jean Daniel, est un journaliste prestigieux : il a rencontré récemment le président Kennedy, et est en train de faire raconter à Castro la crise des fusées, en s'intéressant plus précisément aux « détails des négociations avec les Russes ». Le téléphone sonne. Le président de la République Dorticós est en ligne. Fidel prend :

– *Como ? Un atentado ?*

Puis :

– *Herido ? Muy gravemente ?*

Il raccroche, explique. Après un moment de silence, il ajoute :

– *Es una mala noticia.*

Mauvaise nouvelle, en effet.

Et de se lancer dans des hypothèses : un déséquilibré ?

Un terroriste ? Un Vietnamien ? Un membre du KKK ? La veille encore, discutant avec Jean Daniel, Castro avait dit : « Si vous revoyez Kennedy, vous pouvez lui dire que Goldwater est mon ami, si cela peut assurer sa réélection… » Mais tout est changé. Castro voit les conséquences politiques : il a été la victime – chanceuse – de plusieurs tentatives d'assassinat dirigées par la CIA. Il va donc être suspecté d'avoir frappé le premier : « Maintenant, il faut vite, très vite, qu'ils retrouvent l'assassin, sinon, vous allez voir, je les connais, ils vont essayer de nous mettre ça sur le dos. Mais dites-moi, cela fait le quatrième président des États-Unis qui est assassiné sur combien ? Trente-cinq ? C'est inquiétant. »

Jean Daniel, lui, pense au crucifix resté dans la chambre qui lui a été réservée. L'ombre de Dieu rôde dans cette affaire : « Je me suis souvenu que tous ces révolutionnaires célébraient religieusement la naissance, le mariage et la mort. »

Mao, à Pékin, a sa propre théorie : « Le Président américain a été assassiné par un baron du pétrole », confie-t-il au ministre de la Défense albanais. Une caricature paraît dans la presse chinoise : « Kennedy mord la poussière. »

Les communistes américains, eux, se joignent à l'hommage national. Gus Hall, le secrétaire général du PC, caractérise l'assassinat comme « le pic ultime de la violence et de la terreur infligées par les racistes et les forces de l'ultra-droite ».

Même le général Walker, le boutefeu néonazi, exprime sa « sympathie pour la famille Kennedy, sympathie qui est égale à celle que j'éprouve pour les millions de gens qui ont perdu des leurs, dans la bataille pour la liberté ».

Un homme, cependant, entre au State Capitol du Wisconsin. Il porte un brassard avec une swastika : « C'est un miracle pour la race blanche », clame-t-il. Malcolm X, l'un des leaders des Black Muslims, manifeste ainsi son mépris : « Le juste retour des choses ne m'attriste pas. Au contraire, j'en suis heureux. » Treize mois plus tard, il sera assassiné à son tour. Par les siens.

Au même moment, à Paris, Rolando Cubela, le fameux AM/LASH, reçoit des mains de Desmond FitzGerald, en charge des « opérations spéciales » à la CIA, deux fusils à lunette et un stylo. C'est, en fait, une seringue remplie de Black Leaf 40, soit, en termes de chimie : 3-(1-methyl-2-pyrrolidinyl) pyridine. Autrement dit : de la nicotine. Résultats : suées, nausées, douleurs abdominales, diarrhée, convulsions, hypertension, mort par arrêt respiratoire, le tout rapidement. Victime visée : Fidel Castro.

FitzGerald précise que le Black Leaf 40 est biodégradable.

À Miami, Santo Trafficante est dans un restaurant, le Tampa International Inn, où il a rendez-vous avec son avocat Frank Ragano et Nancy Young, la maîtresse de celui-ci. Ragano est un type prêt à tout : il fait passer les truands pour des boy-scouts, les assassins pour des anges, les barbares pour des chaisières de la paroisse. Il défend Carlos Marcello, Jimmy Hoffa, Santo Trafficante et tous leurs sbires. Il gagne. Les mafieux l'aiment bien. Et le payent magnifiquement. Ragano a une qualité : le silence. Quand Hoffa lui a soufflé, en janvier dernier : « Dis à Marcello et à Trafficante qu'il faut buter le Président », Ragano a transmis le message, puis l'a effacé de sa mémoire. Mais, le 22 novembre 1963, alors qu'il s'apprête à quitter son bureau, il reçoit un coup de fil de Hoffa.

– T'as entendu la bonne nouvelle ? Ils ont tué ce fils de pute. Bobby Kennedy est chômeur.

Ragano se met en route pour le Tampa International Inn. Curieusement, se dit-il, c'est là que JFK a fait un discours, quatre jours auparavant. Quand il arrive, il est accueilli par le parrain, qui affiche un immense sourire.

– C'est quelque chose… On a tué ce salaud. C'est un sacré poids enlevé de mes épaules, de celles de Carlos et de Hoffa. On va se faire des sous, on va revenir à Cuba. Lyndon Johnson va se débarrasser de Bobby Kennedy, c'est sûr.

Trafficante lève son verre.

– Cent ans de santé et à la mort de John Kennedy.

Il répète en sicilien.

– *Saluti ! Alla morti di John Kennedy !*

La fiancée de Ragano, effarée, pose son verre et s'en va.

À La Nouvelle-Orléans, le procureur LaCour résume ses arguments. Le procès contre Carlos Marcello touche à sa fin. Le juge Christenberry s'apprête à donner ses instructions au jury. Un huissier entre, et tend une note. Le juge pâlit. Il annonce l'attentat et la mort du président John F. Kennedy. Le silence s'abat.

Puis d'un seul coup, tout le monde se met à parler. Le procès est suspendu pour une heure. Carlos Marcello, en costume bleu marine, reste de marbre.

Quand la cour revient, la question est posée aux douze jurés : Carlos Marcello est-il coupable d'avoir trompé l'État, avec ses faux papiers guatémaltèques ? Non, quelle idée ! S'est-il parjuré ? Non, pas du tout, pas du tout. Conclusion : acquittement. Marcello embrasse ses avocats, et s'en va vers son bureau, au beau milieu des marais. Pendant ce temps, Hoffa, à Washington, remarque que le drapeau américain qui flotte au-dessus des bureaux des Teamsters a été abaissé à mi-mât. Il se met en colère, et exige qu'on le remonte. Tout de suite.

H. L. Hunt, à Dallas, quitte précipitamment la ville. On lui a conseillé de se mettre au vert. Pat Kirkwood, le patron du Cellar, le bistrot où les gardes du corps du Secret Service ont passé leur soirée, la veille, à Fort Worth, fait de même. David Ferrie, le pilote et ami de Carlos Marcello, part faire du patin à glace à Houston, avec deux boys. Milteer, le fou d'extrême droite, vu à Dallas, ne s'attarde pas. Jack Ruby décide de fermer son club, par respect pour le Président, commande des sandwiches pour ses amis policiers, se prépare à aller à la synagogue. Puis fond en larmes.

À Washington, J. Edgar Hoover s'entretient avec le responsable du Secret Service qui, lui, est certain que Castro est mouillé. Le FBI a besoin d'être officiellement sollicité pour prendre part aux investigations. Pour l'instant, il ne l'est pas.

En Haïti, la nouvelle de la mort de JFK est annoncée en pleine réception à l'ambassade de Syrie à Port-au-Prince, où George de Mohrenschildt bavarde avec un jeune Égyptien arrivé les poches vides (mais qui repartira les poches pleines) : Mohamed al-Fayed. Le suspect, dit-on à la radio, se nomme Lee. George de Mohrenschildt se tourne vers sa femme Jeanne LeGon : « N'est-ce pas Oswald ? » Il confie à son ami, le romancier Herbert Gold : « On le connaît. Un jeune homme un peu déséquilibré, n'est-ce pas, Jeanne ? » L'épouse se souvient de leur séjour à Dallas, des soirées avec Ruth Paine et Marina Oswald. C'est un peu grâce à eux que Lee a trouvé ce job au Texas School Book Depository. D'ailleurs, Jeanne LeGon connaît bien le bâtiment : il jouxte le Dal-Tex où elle a travaillé, pendant sept ans, dans une firme de confection, avec Abraham Zapruder.

Mimi Beardsley, la jeune maîtresse de JFK, est en voiture à New York, avec son fiancé, quand elle apprend la nouvelle. Elle est choquée. Dans quelques minutes, elle va rencontrer ses futurs beaux-parents. Ses fiançailles ne l'ont pas empêchée de continuer à voir Kennedy : la dernière fois, c'était il y a une semaine, au Carlyle Hotel. Elle retient ses larmes. Elle pleurera cette nuit.

Mary Pinchot Meyer, l'autre maîtresse – la femme de cœur –, appelle la Maison Blanche, laisse un message. Personne ne la rappellera jamais.

L'agent Tippit, à Oak Cliff, roule doucement. Le signalement donné à la radio reprend, point par point, la description donnée par le chauffagiste Howard Brennan. Tippit repère Lee Harvey Oswald qui marche dans la rue. Le policier s'arrête, sort de la voiture, la main sur son arme de service, prêt à dégainer. Il passe devant le capot de sa voiture et, juste au moment où il va monter sur le trottoir, le suspect sort un revolver et tire trois balles. Le policier s'effondre. Le tireur s'approche de sa victime et lui loge une dernière balle dans la tête, au sol. Puis il s'en va. Plusieurs témoins le voient s'éloigner d'un pas tranquille.

Au Parkland Hospital, le chaos continue. Le mécano en chef, Darrel Tomlinson, s'occupe de l'ascenseur. Monte, descend, monte, descend, ça n'arrête pas. Une heure après l'arrivée de JFK, une demi-heure après l'annonce de son décès, Tomlinson remarque, au rez-de-chaussée, une civière sur roulettes qui bloque en partie le passage. Il décide de la pousser un peu plus loin. Il entend un bruit métallique, et regarde. C'est une balle, tombée de la civière. Il n'y touche pas, et appelle le chef du personnel, O. P. Wright. Celui-ci a naguère été policier, et veut que cette découverte soit consignée comme il se doit. Hélas, Wright est bien le seul, à Dallas, à se préoccuper de la procédure officielle. Il repère un agent du FBI, qui refuse de prendre en charge la découverte : ce n'est pas l'affaire du FBI, dit-il. Et le Secret Service ? Contacté, l'un des gardes du corps de JFK est aussi distant : pas intéressé. Du coup, Wright revient, s'empare de la balle (oblitérant toute empreinte, comme le capitaine Fritz au Texas School Book Depository), la met dans sa poche. Finalement, un peu plus tard, l'agent Richard E. Jensen, du Secret Service, accepte de prendre la balle.

Celle-ci va devenir la fameuse « balle magique », qui, dans la théorie officielle, aura fait des loopings et des triple axels avant de traverser le corps de JFK, de blesser Connally et de ressortir, intacte, sans aucune trace de sang, comme neuve. Pour une balle qui a dix-neuf ans, c'est…

… magique.

Le patron de O'Neal's Funeral Home, Vernon, se présente aux urgences, à l'hôpital. Ses instructions, transmises par Clint Hill, sont spécifiques : le meilleur cercueil, le top du haut de gamme. Vernon O'Neal a donc choisi le Handley Britannia, entièrement en bronze doublé de satin. C'est un bon choix, mais c'est aussi un mauvais choix : l'engin pèse 200 kilos. Il faut se mettre à plusieurs pour le porter, et les poignées font mal aux mains. De plus, il va falloir passer devant Jackie, assise sur une chaise dans le couloir. Clint Hill essaie de détourner son attention : « Puis-je vous parler, madame ? » Mais elle ne se laisse pas faire : « Je veux être là. » Puis elle ajoute : « Vous pensez que je ne peux pas le supporter ? J'ai vu mon mari mourir dans mes bras. Son sang est sur moi. » Elle entre, enlève son alliance, la glisse sur le petit doigt de JFK. Puis elle sort, et dit : « Maintenant, il ne me reste plus rien. »

Les infirmières enveloppent la tête du Président dans des sacs en plastique. Il ne faut pas tacher le satin du Handley Britannia à 3 995 dollars.

Deux prêtres se présentent, pour administrer les derniers sacrements. Un Blanc, un Noir. Trop tard. Ils repartent déçus. D'autres vont encore venir : même chez les curés, chacun veut son quart d'heure de célébrité.

Des journaux du Sud, des radios, des écoles se réjouissent ouvertement de la mort de « l'Antéchrist ».

CHAPITRE 14

La guerre, c'est l'enfer

Il n'y a plus personne à la tête de l'État. Les ministres sont quelque part au-dessus du Pacifique, le Président est mort, le vice-président est terré dans une pièce obscure du Parkland Hospital. Le pouvoir est inexistant, la machine à l'arrêt. Le plus puissant pays du monde est pétrifié. Au Pentagone, Robert McNamara, le secrétaire à la Défense, se demande s'il va donner l'ordre de placer les troupes en Defcon 1, littéralement sur le pied de guerre. Après consultation avec le GQG, une simple alerte rouge est transmise : en Europe, cinq cents missiles balistiques, mille deux cent quatre-vingts bombardiers et dix sous-marins Polaris sont prêts à toutes les éventualités. La CIA, elle, fait passer à toutes ses « stations » le message : alerte maximale. Mais tout se fait dans le désordre.

Ira Gearhart, le porteur de la valise nucléaire attaché à la personne du Président, est dans le noir. Qui a les codes nucléaires, maintenant ? Il ne sait qui suivre. Il s'est rendu au Trade Mart, où les agents du Secret Service ne l'ont pas reconnu – c'est normal, il a une fausse identité, question de sécurité. Il a été envoyé à l'hôpital, où la même mésaventure lui est arrivée. L'un des gardes du corps, finalement, l'a placé dans un bureau médical. Ira Gearhart est assis, avec sa valise Haliburton – capable de résister à une explosion, moulée dans un aluminium à 500°, sous une pression de 440 tonnes. L'ensemble, documents compris, pèse dix-huit kilos. Ira Gearhart attend. Et attend.

Dans la pièce où il se trouve, Johnson réclame un téléphone. Il appelle son avocat. Et donne l'ordre de vendre tout de suite ses actions Haliburton, justement. Puis il demande ce que va faire Mrs Kennedy. « Elle ne veut pas partir sans son mari », lui dit-on. Johnson demande à voir Malcolm Kilduff, le porte-parole de JFK, et intime l'ordre à Lady Bird de prendre des notes : elle sort son calepin. Kilduff demande :

– Je dois annoncer officiellement la mort du président Kennedy, dit-il. C'est OK pour vous ? Je peux ?

Négatif. Johnson veut partir en secret – « Nous ne savons pas s'il s'agit d'un complot communiste mondial » – et rentrer à Washington dans l'avion qu'il convoite depuis toujours : Air Force One. Rufus Youngblood, pour qui la sécurité est primordiale, saisit la balle au bond :

– On part tout de suite.

Déjà, deux voitures de police banalisées attendent. Le plan, c'est que LBJ et Lady Bird doivent être séparés, au cas où il y aurait un autre attentat. Tandis que la cohorte de gardes du corps accompagne au pas de course le vice-président, le député du Texas, Albert Thomas – celui qui s'amusait de n'avoir « pas besoin d'un gilet blindé » –

demande à monter. Le Secret Service refuse. Lyndon Johnson intervient : « C'est bon. » Albert Thomas redresse son nœud papillon et se jette dans la voiture.

Les voitures démarrent, mais la route est bloquée par un camion de livraison. Des motards viennent à la rescousse, et font gueuler leurs sirènes – exactement ce qu'il ne faut pas faire. D'une fenêtre de l'hôpital, un député baisse la tête, de honte : « D'un seul coup, j'ai vu la toute-puissance des États-Unis en total désarroi. »

Même les gardes du corps ne savent pas s'il faut s'adresser à Johnson en disant : « Monsieur le vice-président » ou « Monsieur le Président ». Dans le doute, ils ne disent rien.

Le directeur du département de pathologie de l'hôpital, Earl Rose, arrive. C'est un homme mince, au visage en lame de couteau. Il a trente-six ans, est un adversaire résolu de la peine de mort et, à ses moments perdus, sculpte des os de vache. Au moment où le cercueil du Président se referme, le docteur Rose s'interpose. Il demande qu'on prépare la salle d'autopsie. Roy Kellerman, l'agent du Secret Service, se place en travers du chemin du médecin, et s'adresse à lui en termes outrageants :

– Mon ami, dit-il, ceci est le corps du président des États-Unis, et nous allons l'emmener à Washington.

Le docteur Rose le contredit :

– Ce n'est pas ainsi que les choses doivent être faites.

Le ton monte. Rose a beau citer la loi, dire qu'elle doit être respectée, Kellerman crie :

– On s'en fout de votre loi !

L'autre ne bouge pas.

– Va falloir faire preuve d'un peu d'autorité, docteur, se moque Kellerman.

– D'accord, répond Rose.

Il commence à passer des coups de fil au palais de justice. Pendant ce temps, il y a des médecins qui soutiennent le Secret Service, d'autres qui argumentent contre. Éclats de voix, bousculades. Oui, le désarroi est total, et la toute-puissance des États-Unis est risible, dans ce couloir d'hôpital. Un juge apparaît, sommé par Rose. Il ne peut rien faire. La loi, c'est la loi. Le cadavre doit rester au Texas. Le juge précise : « C'est un homicide comme un autre », ce qui est vrai, selon le code pénal. Kenny O'Donnell, exaspéré, intervient avec d'autant plus de fureur que Jackie est là, et que le Texas, il en a soupé. Il repousse le médecin : « Allez vous faire foutre ! » et crie : « Allez, on y va ! » Deux policiers se placent de chaque côté du juge, prêts à se bagarrer. Kellerman sort son arme de service, la colle sous le nez de Rose. Celui-ci s'écarte. La discussion est close. Direction l'aéroport.

Earl Rose reste là, déconfit.

Jack Ruby est dévasté. Pour la première fois de sa vie, il reste muet. Personne ne l'a jamais vu dans cet état. Puis le moulin à paroles reprend le dessus. Il se met à téléphoner. À sa sœur : « Je vais quitter Dallas. C'est une honte ! » À son frère, à Chicago : « Je pleure, je peux pas te parler. » À son musicien : « Comment peut-on faire un truc pareil ? » À sa danseuse vedette, Little Lynn Carlin, mais elle ne répond pas. Il a mal à l'estomac, se rend à la synagogue pour prier, va au commissariat, écoute la radio. Il sanglote, il se perd, invoque le Ciel, il est partout à la fois, un peu fou, totalement décalé. Sa journée s'écoule ainsi, en courses inutiles, en services que personne ne demande, en chagrin tragique. Il en profite pour distribuer des cartes de visite et des tracts pour sa boîte de nuit, machinalement.

Dans son bureau, Abraham Zapruder pleure. Il sait qu'il a un document exceptionnel. Un journaliste l'a déjà contacté, mais ni le FBI ni le Secret Service n'ont l'air tellement intéressés. Quant à la police, elle est entièrement mobilisée par la mort de l'un des siens, Tippit. Pourtant, le film Zapruder va devenir l'élément essentiel de l'assassinat de JFK. En 486 images qui passent au rythme de 18 images/seconde (un peu plus lent que le rythme du cinéma normal, 24 images/seconde), tout est là. Le choc, la première balle, la deuxième, le crâne qui explose, le sang qui jaillit, l'impact. Vingt-six secondes et demie cruciales. L'image n° 313 est flagrante : c'est celle qui va choquer le monde entier, avec cette boue blanche qui jaillit de la tête de l'homme le plus puissant du monde, oblitérant son sourire à jamais.

Zapruder monte dans sa voiture et roule, sans but, les yeux brouillés, la bouche amère.

La police arrive au Texas Theatre, à Oak Cliff. C'est un cinéma à l'ancienne, avec une marquise Art déco, qui a naguère fait partie de la chaîne de Howard Hughes, le milliardaire desaxé. La salle a été la première à posséder son propre système de climatisation et a été inaugurée en 1932 avec *La Belle de Saigon*, film dans lequel Jean Harlow dévoyait Clark Gable. Ce 22 novembre 1963, en début d'après-midi, il y a peu de spectateurs, vingt-quatre exactement, qui ont payé 90 cents pour voir deux films de guerre : *Cry of Battle*, avec Van Heflin, et *War is Hell*, avec des acteurs inconnus. Ce dernier est alléchant, avec une affiche criarde : « Des gars aux tripes d'acier, qui tuent pour des médailles… pour des filles… ou pour rester en vie ! » La voix off est assurée par Audie Murphy, le soldat le plus décoré de la guerre de Corée.

Un témoin a signalé qu'un suspect est entré dans la salle alors que la caissière avait le dos tourné. Le Texas Theatre se trouve à six cent mètres de l'endroit où Tippit a été tué. La police fait arrêter le film, la salle s'illumine. Le témoin désigne le suspect – là, là, au fond, au centre ! – et les regards se concentrent sur un petit homme, jeune et banal. Le suspect se lève, puis, voyant le déferlement de police – plus d'une quinzaine d'agents – se rassied un peu plus au fond. Deux policiers l'interpellent : « Debout ! » Le spectateur se lève lentement et dit :

– Bon, c'est fini maintenant.

Alors que l'agent McDonald va le fouiller, le suspect donne un coup de poing qui atteint le policier entre les yeux. Deux autres agents se jettent sur l'homme, le réduisent à l'impuissance. Cinq policiers le maintiennent, et l'un d'entre eux lui fait une clé au cou. Ce qui n'empêche pas le forcené d'essayer d'agripper son arme, qu'il porte à la taille. « Attention ! Il a un revolver ! » McDonald, remis, saisit la main du suspect et, avec son pouce, bloque le barillet. Une pluie de coups tombe sur le rebelle. L'homme essaie désespérément de tirer. Il n'y arrive pas. On lui arrache son colt 38, on lui passe les menottes, et le type gueule :

– Ne frappez plus ! Je ne résiste plus ! Je veux porter plainte pour brutalité policière !

Le capitaine Westbrook s'approche, demande :

– Comment vous appelez-vous ?

Silence. Puis :

– On viole mes droits civiques !

La police sort le suspect dans la rue, sans douceur excessive. Voyant une caméra de télé, le gars se remet à brailler :

– Je veux un avocat ! Je connais mes droits ! Brutalité policière typique ! Pourquoi vous me traitez comme ça ?

La foule s'amasse, curieuse. Puis menaçante. Un homme crie :

– Pendez-le !

Une violence palpable, rêche, sourd de ces gens. C'est Dallas : le bûcher est toujours prêt à être allumé, les Noirs du coin en savent quelque chose. La haine, ici, est un combustible explosif.

On fourre le détenu dans une voiture qui démarre en vitesse.

– Pourquoi suis-je arrêté ? Parce que j'ai un revolver au cinéma ?

– Non. Vous avez tué un policier.

Le suspect demande :

– Un policier a été tué ?

Dans son portefeuille, la police trouve deux cartes de bibliothèque. L'une est au nom de Lee Oswald, l'autre à celui de A. J. Hidell.

Quand tout le monde arrive au commissariat, c'est la folie : les journalistes se marchent dessus, les photographes shootent, les caméras sont en batterie. Le capitaine Fritz téléphone pour prendre des nouvelles. « J'arrive », dit-il, mais la circulation est dingue. Le quartier est totalement embouteillé. Les gens sont au coude à coude, personne ne peut bouger. Les aéroports sont saturés, les hôtels déjà réservés, chaque lit disponible est pris d'assaut. Les agents du KGB – il y en a ! – essaient de se renseigner. Du monde entier, tous les journaux – tous ! – envoient des reporters. Parmi eux, un jeune Français, Philippe Labro, intrigué par cette foire et par le nez « rouge de bourbon » du capitaine. Quand Fritz parvient à se frayer un chemin, il fait le lien entre le suspect qui a déserté le Texas School Book Depository – Lee Harvey Oswald – et l'assassin de l'agent Tippit – Lee Harvey Oswald. L'affaire se présente bien. En deux heures, tout est résolu. Le gars est bon pour Old Sparky, la chaise électrique. S'il n'est pas lynché avant.

La nouvelle de l'arrestation parvient au bureau local du FBI. Le nom du coupable ? Lee Harvey Oswald. L'agent James Hosty reconnaît le nom. Il cherche la fiche correspondante. Enfer et damnation ! La fiche porte bien : « En contact avec l'ambassade d'URSS. » En plus, Oswald a été à Moscou, il est marié à une Russe, il a distribué des tracts pour le Fair Play for Cuba Committee, et il a tenté d'aller à La Havane. Si Lee Harvey Oswald est un assassin communiste, c'est la guerre, ce qui n'est pas grave.

Il y a pire : le FBI sera déconsidéré. Et ça, J. Edgar Hoover ne peut pas le tolérer.

Hoover veut absolument protéger son empire. Il commence par faire déplacer James Hosty, l'agent de Dallas, dans le Missouri. Ensuite, il téléphone au responsable du Bureau, Gordon Shanklin :

– Dans quel état est le Président ?

Shanklin, un peu étonné – l'annonce du décès officiel de JFK est sur toutes les chaînes –, répond :

– Comme je vous l'ai dit tout à l'heure, monsieur, il est mort.

Hoover s'agace.

– Non, non. J'ai dit *le Président* !

En fait, Hoover s'inquiète de la santé de Lyndon Johnson. Celui-ci a déjà eu une crise cardiaque et, à la télé, a semblé un peu secoué.

Pour le directeur du FBI, la question de savoir qui est vizir ou chambellan est déjà résolue. De plus, dans son esprit, il n'y a pas de doute : Lee Harvey Oswald est coupable. Richard Nixon appelle et demande :

– Qu'est-ce qui est arrivé ? Des dingues d'extrême droite ?

– Non. C'est un « kommoonist ».

Le trajet jusqu'à l'aéroport ne dure que dix minutes. Johnson est sidéré. Jamais, dans l'histoire des États-Unis, un changement à la tête de l'État n'a été aussi brusque, aussi rapide. Lincoln, avec une balle dans la tête, a duré jusqu'au lendemain. Garfield a survécu deux mois aux blessures infligées par Charles Guiteau. McKinley a mis cinq jours à trépasser, avec deux balles dans la peau. Harrison, atteint d'une pneumonie, a mis neuf jours à quitter ce bas monde. Taylor, empoisonné par un bol de lait, a agonisé cinq jours. Harding, souffrant du cœur, a traîné sa crise cardiaque pendant près d'une semaine… Johnson, lui, est devenu Président en moins d'une heure. Il a entre les mains la destinée des États-Unis d'Amérique, donc du monde. Enfin, il est calife à la place du calife.

Il faut s'occuper des choses importantes, donc.

Les bagages.

Ceux-ci doivent être transférés de Air Force Two à Air Force One, qu'on y veille.

Quand LBJ sort de la voiture, Rufus Youngblood le pousse. S'il y a un sniper, il faut absolument déjouer le complot. Simultanément, le garde du corps ordonne de baisser tous les volets de l'avion pour obstruer les hublots. Mais personne ne songe qu'avec un bazooka, l'affaire serait réglée tout de suite.

Johnson, suivi de Lady Bird, entre dans l'appareil. Il passe par la chambre à coucher – des lits jumeaux –, pénètre dans le salon, où il y a déjà foule. Agents du Secret Service, membres de l'équipage, domestiques, tout le monde se lève. Le nouveau Président s'arrête : il réalise qu'il est le chef, le boss, *el supremo*. Il pense : « Plus rien ne sera pareil. » Il est ravi, et terrifié.

Il fait chaud. La climatisation a été arrêtée. Ce n'est pas grave, puisque l'avion va décoller pour Washington incessamment. Mais Johnson s'y oppose. Il faut attendre Mrs Kennedy, dit-il. Et le cercueil. De plus, il veut prêter serment le plus vite possible. Il téléphone à Robert Kennedy, quand même, par politesse protocolaire, puis s'isole dans la chambre avec sa secrétaire, Marie Fehmer, une jolie brunette de vingt-six ans. Personne n'a de doute, sur leur relation : Marie Fehmer n'est pas *que* secrétaire. Johnson dicte quelques notes, puis : « Il faut faire venir le juge Sarah Hughes », dit-il. Pour la prestation de serment. Cette petite femme de soixante-sept ans est réputée pour son énergie : elle a été policière à Washington, et, à ses débuts, se rendait en canoë au commissariat, situé sur le Potomac. Depuis, elle a fait son chemin, et sa nomination au District Nord de Dallas a largement été appuyée par Johnson, qui est son ami. On la cherche. Elle est au Trade Mart. Elle arrive.

Le cercueil arrive aussi. Jackie monte dans l'avion et se dirige vers sa chambre à coucher. Elle ouvre la porte.

Lyndon Johnson est assis dans un fauteuil, en train de téléphoner, prenant ses aises. Sa secrétaire attend. Jackie reste là, dans l'encadrement. Elle est couverte de sang, ses jambes sont striées de caillots noirs, son gant droit est complètement rigide. Lyndon Johnson ne s'est même pas dérangé pour l'accueillir à bord. Il marmonne quelques mots de condoléances et sort. Lady Bird, arrive, sanglote. Et dit à Jackie :

– Ce qui me navre le plus, c'est que ce soit arrivé dans notre bien-aimé Texas.

On invite la Première Dame à se changer. Il n'en est pas question. « Je veux qu'ils voient ce qu'ils ont fait », dit Jackie Kennedy.

Le cercueil a du mal à entrer dans l'avion : les hommes du Secret Service se battent sur l'échelle de coupée avec cet objet d'un poids sidérant. De plus, le Handley Britannia est trop large. Il faut dévisser les poignées. Le directeur des pompes funèbres se désole. Avec raison : il ne sera jamais payé.

Puis tout le monde se met à attendre le juge, dans une chaleur qui devient plus étouffante de minute en minute.

Tout le monde a oublié Ira Gearhart, le détenteur des codes nucléaires. Si, comme le suppose le général Curtis Le May, chef d'état-major – il est celui qui a proposé de ramener le Vietnam à « l'âge de pierre » –, il est probable que cinq mille missiles russes sont prêts à dévaster les États-Unis, personne ne pourra donner l'ordre de contre-attaquer.

Le continent américain deviendra une terre brûlée.

Les hommes de l'« Irish Mafia », à bord, regardent LBJ avec mépris. Pour eux, il est l'imposteur, l'usurpateur, ils balancent entre les deux qualificatifs. Les pro-Johnson, eux, se congratulent discrètement. L'ambiance devient épaisse. Quand l'aide de camp de JFK, le général McHugh, demande : « Pourquoi on ne décolle pas ? », il obtient une réponse cinglante. « Parce que le Président ne veut pas », lui rétorque le commandant de bord. « Je n'ai qu'un Président, et il est allongé dans un cercueil », répond McHugh. Qui, en secret, travaille pour la CIA, et, adopté par le clan Kennedy, renseigne ses maîtres à Langley.

Dans Air Force One, c'est la valse des hypocrites.

Dans la moiteur, tout le monde suffoque. Le ton monte. Décoller ou ne pas décoller ? McHugh s'énerve. Il décide d'en discuter face à face avec Johnson. Il le cherche. Il ne le trouve pas. Il le cherche encore. Il le déniche, caché derrière un rideau, dans la salle de bains présidentielle. Blême, assis sur les toilettes, le nouveau Président a simplement peur : « Ils vont nous tuer tous. C'est un complot. C'est un complot. On va tous y passer. » Il répète, encore et encore : « On va tous y passer. » Il tremble.

Il y passera, certes, le 22 janvier 1973, à soixante-quatre ans, dans son lit. Crise cardiaque, trop de Cutty Sark, trop de cigarettes, trop de « Jumbo ».

La juge Sarah T. Hughes est là, enfin. Les visages sont tendus. Les hommes suent, le maquillage des femmes coule, des gens sanglotent. Johnson, remis, mange un bol de soupe avec des crackers. Kenny O'Donnell, inquiet de l'attitude de la police de Dallas – qui risque de reprendre possession du cadavre –, essaie de presser le mouvement. Mais LBJ a une requête : il veut que Jackie soit présente pour le serment. « Allez la chercher. » O'Donnell proteste – elle a assez souffert, dit-il. Johnson monte d'un cran : « Quand je vous dis de faire quelque chose, je veux que ce soit fait – *et vite* ! » Ça y est, Johnson est entré dans la peau du personnage.

Jackie arrive. Le silence se fait. Elle se place à gauche, les yeux vagues, les poings serrés, la tête basse. À droite, Lady Bird, un drôle de sourire sur les lèvres. Derrière, Albert Thomas, le député du Texas. Il y a vingt-sept personnes dans ce petit salon. Le général McHugh se retire. Les Kennedy boys aussi. Johnson s'assure que le photographe de la Maison Blanche est bien là. Il demande :

– Si on se place comme ça, ça va ?

L'autre cadre, avec son Hasselblad.

– Reculez un peu.

Johnson recule. La photo doit être bonne. Elle le sera.

D'une main qui tremble, la juge tend un missel. C'est celui de JFK. Il n'a jamais été ouvert. « Répétez après moi : "Je jure solennellement…" » Deux minutes plus tard, la cérémonie est terminée. Le trente-sixième président des États-Unis a dit : « Avec l'aide de Dieu. »

Dieu, toujours à Dallas.

Jackie Kennedy s'attarde devant le cercueil : « Ça va être si long, une telle solitude », murmure-t-elle devant les agents du Secret Service et les fidèles de JFK. Même les hommes aux tripes d'acier, capables de tuer pour des médailles, pour des filles ou pour rester en vie, à ce moment-là, baissent la tête et pleurent.

Air Force One décolle, cent trente-six minutes après le coup de feu fatal.

CHAPITRE 15

Minuit

Robert Kennedy est arrivé en avance à l'aéroport de la base militaire de Washington. Il est seul. Il marche, sans but. Son costume est froissé, son âme, embrumée. Pour l'unique fois de sa vie, il est en première ligne. Autrefois, il y avait Joe Junior, le frère aîné, disparu pendant la guerre. Il y a toujours eu le père Kennedy, protégeant ses fils, les guidant, les dirigeant comme un cornac. Mais voilà, Joe Senior a bâti un empire, il est devenu un roi secret, un empereur dans la coulisse. John et Robert sont toujours restés dans l'ombre de ce père tyrannique, obtus, déplaisant. Ils ne se sont jamais échappés. Joe Kennedy a voulu que son fils soit président ? Il lui a offert un pays comme on achète un train électrique. Il a imposé Robert au poste d'Attorney General, malgré son inexpérience. Le pouvoir de ce dernier venait d'en haut : de son père, de son frère. Il ne reste rien. Il a trente-huit ans, et porte le poids des Kennedy. Personne ne l'a préparé.

Son arrogance s'est estompée. Il ne reste qu'une douleur sans fin.

Le jour diminue, l'après-midi s'efface. La journée a été belle, et les avions, sur la base Andrews, attendent une guerre qui ne viendra pas, ou qui se joue à l'autre bout du monde. C'est d'ici, en principe, que le 11e Wing doit déclencher les opérations, en cas d'urgence. L'endroit porte le nom du lieutenant général Frank M. Andrews, tué dans un accident d'avion en 1943 en Islande. Robert Kennedy n'ignore rien de toute cette histoire : il a perdu un frère et une sœur en avion, mais il ne sera plus là pour la mort de son neveu John John, qui disparaîtra aux commandes de son Piper Saratoga en 1999.

Il aperçoit un camion dont personne ne s'occupe. Il s'assied sur la plate-forme, les pieds ballants, les mains jointes, la tête basse.

Il est à trente kilomètres du Capitole. Il est à des siècles de là. Le jour décline. Autour de lui, en cercles qui s'éloignent, la tristesse noie l'endroit, tandis qu'une lente obscurité avance, et mange l'espace autour de lui.

À Denton, petite ville au nord de Dallas, Robert Oswald, le frère de Lee Harvey, revient du Jay's Grill, où il prend ses aises quand il n'est pas à son bureau. Il est chef des ventes dans une usine de briques. Quand il revient dans l'immeuble, il entend, à la réception, la radio. Le commentateur mentionne le nom « Oswald ». Puis : « Lee Harvey Oswald. »

Robert s'arrête net. Il murmure : « C'est mon frère. » Il se met en route. Peut-être y a-t-il moyen de l'aider.

Lee Harvey, lui, est devant le capitaine Fritz. James Hosty, l'agent du FBI, est présent. Dehors, c'est le désordre le plus total. Les couloirs sont encombrés, les rues embouteillées, les restaurants pleins de gens qui regardent la télé, les curieux s'agglutinent devant les vitrines des magasins d'équipement ménager. Les matchs en cours sont interrompus ; les procès sont expédiés – Carlos Marcello en sait quelque chose. Les cinémas s'interrompent, les universités se vident, les églises se remplissent. Les bars aussi. À Broadway, tout est silencieux. La circulation se fige. Même le Radio City Music Hall a éteint ses lumières.

L'interrogatoire de Lee Harvey Oswald commence. Il se poursuivra pendant plus de deux jours, sans que jamais personne ne prenne de notes. Il n'y a pas une secrétaire, pas une sténo. C'est parfaitement illégal – mais on est au Texas. Le capitaine Fritz utilise sa méthode personnelle : la conversation. Il enlève son Stetson, pour faire moins officiel. Les questions sont, au début, factuelles.

– Avez-vous jamais eu un fusil ?

– Oui, il y a des années de cela.

– Avez-vous été au Mexique ?

– Oui, quand j'étais dans les marines.

– Avez-vous été en Russie ?

– Oui.

– Avez-vous des opinions politiques ?

– Je soutiens la révolution castriste.

– Depuis quand travaillez-vous au Texas School Book Depository ?

– Depuis le 15 octobre.
– Pourquoi aviez-vous un revolver sur vous ?
– J'en avais envie.
– Avez-vous tiré sur le Président ?
– Je n'ai tiré sur personne.

La séance va être longue. Oswald ne cède rien. Il est fuyant, dédaigneux, coléreux. Il s'emporte pour des détails, prend de haut cet interrogatoire. Toute son attitude est celle d'un hobereau devant des pécores : comment osez-vous ?

Dans l'avion, les Kennedy boys et les sbires de Johnson font bande à part. C'est une haine à couper au couteau. Malcolm Kilduff boit du gin, les autres du whisky. Jackie, prostrée, ne dit rien. Dans le salon, Lyndon Johnson veut soigner son image. Il demande qu'on lui prépare une déclaration qu'il lira en sortant de l'avion, et décide de téléphoner à Rose Kennedy, la mère de JFK. On lui tend le téléphone. Il est forcé de crier pour se faire entendre, à cause du bruit des moteurs.

– Madame Kennedy ?
– Oui, oui, monsieur le Président.

Rose Kennedy n'a pas raté la marche : Président, déjà.

– Madame, Dieu sait que j'aimerais pouvoir faire quelque chose, je voulais vous dire que nous partageons votre peine.
– Merci, merci beaucoup. C'est très aimable. Je sais

que vous aviez de l'affection pour mon fils et qu'il en avait pour vous.

Lady Bird veut ajouter quelques mots, mais trop tard. Rose K. a marmonné trois fois « au revoir », et a raccroché.

Elle a déjà été à la messe, comme tous les jours. À l'infirmière qui s'occupe de son mari paralysé, elle dit au passage : « Tout ira bien, vous verrez. » Elle ajoute : « C'est dur. » Mais, note son interlocutrice, « ses yeux sont secs ».

L'infirmière se nomme Dallas, Rita Dallas.

Dans l'avion, c'est clair : place nette. Déjà, on retire les photos, les objets personnels de JFK, ses souvenirs de guerre, son porte-bonheur. Le tact n'a jamais été le point fort de Lyndon Johnson. Tout est sujet à discussion. Le Secret Service, Rufus Youngblood en tête, désire arriver le plus rapidement possible à la Maison Blanche. Le Président ne veut pas. Il préfère aller chez lui, dans cette belle maison qu'il a rachetée jadis à une amie de Rose Kennedy.

Où faut-il faire l'autopsie du corps ? À l'hôpital militaire Walter Reed ? Non. À l'hôpital de la Navy, Bethesda, décide Jackie. La garde d'honneur portera-t-elle le cercueil ? Pas question. « Nous l'avons placé dans l'avion, nous le descendrons », disent les hommes de Kennedy. Chaque décision irrite, chaque choix est un affrontement. Les Johnson sont à l'avant, les Kennedy, à l'arrière. Entre les deux, un no man's land. Les journalistes à bord observent, un peu perplexes. Merriman Smith, le reporter d'UPI, se souvient d'une anecdote : en 1958, JFK rencontre le sénateur

Symington. Il lui dit : « J'ai fait un rêve. Dieu m'a visité et m'a dit que je serai le prochain président. » Symington : « J'ai fait le même rêve. » Survient Lyndon Johnson, qui tranche la question : « C'est drôle, je ne me souviens pas vous avoir parlé, tous les deux, cette nuit. »

Dieu, à 41 000 pieds d'altitude, boit du Cutty Sark.

À 17 h 58, Air Force One touche terre.

À peine l'avion est-il arrêté que Robert Kennedy monte. Le visage strié de larmes, il entre, passe devant LBJ sans un mot, sans un regard – grossièreté calculée –, écarte les gens, enlace Jackie. Les soldats qui attendent en grand uniforme pour porter le cercueil sont priés de ne rien faire. Le clan Kennedy ne veut à aucun prix que LBJ puisse profiter de l'occasion. Celui-ci est contraint d'attendre une échelle de coupée – qui ne vient pas. Le cercueil, lui, est descendu avec un chariot élévateur. Quand Lyndon Johnson, enfin, peut mettre pied à terre, la bière a été déjà chargée dans une ambulance – ce qui est strictement proscrit, le législateur exige un corbillard – et Bobby et Jackie sont partis. Lyndon Johnson cligne des yeux, aveuglé par les projecteurs. Il tient, dans sa main, la fiche avec sa déclaration. Il s'approche des caméras et dit quelques mots. Il conclut par :

– Je ferai de mon mieux. C'est tout ce que je peux faire. J'ai besoin de votre aide – et de celle de Dieu.

Décidément, l'Être suprême est omniprésent, ce 22 novembre.

Mais Johnson est en rage. Il doit faire face non seulement à une conspiration communiste, mais aussi à un complot du clan Kennedy. Il doit passer sa colère sur quelqu'un. Ce sera l'agent Youngblood.

– Rufus, où est mon chapeau ?

Le Stetson est resté à Dallas, à l'hôpital.

– Débrouillez-vous pour me rapporter ce putain de truc !

Le capitaine Fritz a présenté Lee Harvey Oswald aux témoins, dans un line-up, c'est-à-dire mêlé à de faux coupables. Oui, c'est bien lui qui a tiré sur l'agent Tippit, c'est sûr. Mais pourquoi ? Parce qu'il est coupable d'autre chose, forcément. De même : pourquoi Oswald est-il allé s'installer au cinéma ? Pour se cacher, évidemment. Mais rien n'a de sens. Soit on a affaire à un fou, soit à quelqu'un qui avait un plan. Fritz essaie de comprendre. C'est difficile : des « observateurs » du FBI arrivent, la pression est colossale, il est nécessaire de ne pas froisser les hommes du Citizens Council. De plus, voici que se présentent Robert Oswald et sa mère. Lui, il est mesuré, inquiet, intrigué. Elle, elle ne cherche qu'à gagner de l'argent. Déjà, elle réclame une pension, des honoraires pour donner des interviews, s'inquiète d'avoir un chauffeur, exige un imprésario, demande à la cantonade : « D'où viendra mon prochain repas ? »

Fritz n'arrive pas à se faire une idée du suspect. Qui est-il ? C'est comme un oignon : plus on pèle, plus il y a de peaux. Pourquoi ces multiples identités ? Pourquoi ces différentes existences ? Si c'est un exalté de la cause, pourquoi nie-t-il ? S'il cherche son quart d'heure de célébrité, il devrait, au contraire, clamer son héroïsme, être fier de son acte. Tous les assassins de ce type, avant lui, ont reconnu les faits, les ont revendiqués haut et fort. Ont fait les gros titres. Pourquoi Oswald se défend-il ? Et si c'est un espion communiste, pourquoi est-il fauché ? Il n'a que 13 dollars en poche. Si c'est un employé de la CIA, même remarque.

Lee Harvey Oswald, lui, n'arrête pas de demander un avocat. À sept heures du soir, montrant ses menottes aux journalistes, il proteste. On lui demande :

– Avez-vous tiré sur le Président ?

– Non, monsieur, je n'ai tiré sur personne.

Au Bethesda Hospital, l'autopsie a débuté. Les médecins travaillent sous l'œil vigilant de visiteurs. Jamais on n'a vu autant de spectateurs : il y a vingt-huit personnes, dont le médecin personnel de JFK, l'amiral Burkley. Des agents du Secret Service, des hommes du FBI, des militaires. Et trois pathologistes. L'ennui, c'est qu'aucun des trois n'a la moindre expérience des blessures par balle. Ce ne sont pas des légistes. Du coup, les erreurs vont s'accumuler : le tracé des balles ne sera jamais exactement établi, les angles de pénétration ne seront pas mesurés, le cerveau mal examiné, les vêtements jamais pris en compte, les médecins de Dallas ne seront pas consultés. Robert Kennedy et Jackie attendent, au dix-septième étage de l'hôpital, en compagnie de la famille proche et d'un couple d'amis, Ben et Toni Bradlee. Ben est rédacteur en chef au

Washington Post, Toni est la sœur de Mary Pinchot Meyer, la maîtresse de JFK. Pour tous, cette attente est un crève-cœur.

L'autopsie est marquée par les irrégularités. Quand les médecins se mettent à sonder l'une des plaies du cadavre, un lieutenant-colonel s'avance : « Pas la peine. » Des photos sont prises, mais elles ne correspondent pas aux blessures constatées par les médecins à Dallas. Le docteur Crenshaw, au Parkland Hospital, a constaté une plaie entrante, sur le front, et sortante dans la partie occipitale. Le docteur Finck, à Bethesda, voit le contraire, aux mêmes endroits. Le JFK sur la table d'opération au Texas et le JFK disséqué à Washington ne sont pas les mêmes. Rien n'est fait selon les règles, la chaîne des procédures est totalement oubliée. De plus, à la fin, Robert Kennedy intervient : il ne veut pas qu'on voie son frère dans cet état. Quant au cerveau conservé dans un bocal, il disparaîtra. Bobby, pense-t-on, l'a fait placer dans le cercueil, pour respecter l'intégrité du corps de son frère. Le Jugement dernier exige un corps complet, pour les siècles des siècles.

À Bethesda, la conclusion est idéale : un seul tireur. La balle magique a touché le Président en haut du dos, par-derrière, est ressortie sous la pomme d'Adam, s'est arrêtée en l'air, a tourné à droite, puis à gauche, puis vers le sol, a pénétré dans le corps du gouverneur Connally sous l'omoplate, a traumatisé la cinquième côte, est ressortie sous le sein droit, a touché le poignet, fracturé le radius, et s'est arrêtée dans la cuisse gauche. Puis elle est sûrement – sûrement ! – tombée, sur la civière, parfaitement propre, sans hémoglobine, sans diminution de poids, intacte.

Il est vrai que les chrétiens croient qu'on peut changer l'eau en vin, puis marcher sur un lac les pieds nus et multiplier les petits pains au lait…

Le nouveau Président est déposé à la Maison Blanche par hélicoptère. Il appelle Herbert Hoover et Dwight Eisenhower, ses prédécesseurs. Il a besoin de la bénédiction des anciens présidents. Tous la lui donnent. Quand il joint J. Edgar Hoover, son voisin, celui-ci est en train de regarder la télé avec Clyde Tolson, son fiancé. Johnson demande que le FBI soit chargé de l'enquête. Ravi, le directeur donne immédiatement des instructions : quarante enquêteurs sont dépêchés sur place. Quand le cabinet médical de Bethesda propose au FBI de lui confier le rapport d'autopsie et les radios du corps, le Bureau décline. Pas besoin, le coupable est déjà entre les mains de la justice. Une fois de plus, J. Edgar Hoover bat sa propre mesure.

Lyndon Johnson réunit quelques députés, prend des nouvelles de Connally, rassure les membres du cabinet, mange un peu, et allume la télé : Lee Harvey Oswald vient d'être inculpé, officiellement, de l'assassinat de l'agent Tippit. On le soupçonne d'être aussi l'auteur de l'attentat contre Kennedy. C'est un communiste.

Johnson voit ses pires inquiétudes se confirmer. Si c'est

une conspiration rouge, c'est la guerre. Si c'est un déséquilibré, tout rentre dans l'ordre. Il faut que ce soit un fou, il le faut.

Devant les journalistes, Lee Harvey Oswald crie : « Je ne suis que le pigeon ! » Il s'obstine à nier, à nier, à nier. La photo où il pose avec le fameux fusil Mannlicher-Carcano ? Un faux. Où était-il à 12 h 30 ? En train de déjeuner à la cafétéria. Où était-il quand l'agent l'a interpellé ? Au premier étage, en train de boire un Coca. Pourquoi avoir deux cartes de bibliothèque ? Une erreur. Oswald veut un avocat. On lui tend un téléphone. Il appelle John Abt à New York : c'est le conseil du Parti communiste. De plus, Abt est un membre de l'appareil secret, ex-agent du Komintern, soupçonné d'avoir des activités d'espionnage, en contact avec le KGB, surveillé de près par le FBI. Manque de chance : l'avocat, ce vendredi 22 novembre, est déjà parti en week-end. On a beau être léniniste, il y a des choses sacrées.

Pendant ce temps, Robert Oswald cherche à voir son frère. Personne ne l'aide vraiment. On le fait patienter. Marguerite Oswald, elle, déclare à qui veut l'entendre que son fils est en mission secrète, qu'il travaille pour le gouvernement, qu'il a des ordres, que c'est James Bond. Robert regarde sa mère, découragé. Elle ne changera jamais.

Elle a les yeux secs. Comme Rose Kennedy.

C'est le tour de la police scientifique. À vingt et une heures, on fait un moulage à la paraffine sur les mains et la joue du suspect. Lequel dit : « Vous faites ça pour savoir si j'ai tiré ? Vous perdez votre temps. » Le FBI prend en charge le Mannlicher-Carcano et deux des douilles retrouvées sur le sol du Texas School Book Depository.

Juste avant minuit, tandis que les embaumeurs finissent de reconstituer le visage de JFK à Bethesda, Lee Harvey Oswald est inculpé une deuxième fois, cette fois-ci de l'assassinat du Président. Il répète : « Je ne suis que le pigeon ! »

Lyndon Johnson est en pyjama. Il marche, se lève, se rassied, téléphone, convoque ses conseillers proches, assure aux amis de Kennedy qu'il a plus besoin d'eux qu'eux de lui, reçoit ses sbires dans sa chambre, tandis que Lady Bird essaie de dormir. « Ne vous inquiétez pas, on ne la dérange pas », dit-il contre toute évidence. Sa femme se bouche les oreilles, s'enterre sous les oreillers. Son mari se glisse sous les couvertures, assis, et planifie la journée à venir : une réunion politique, une réunion du Conseil de sécurité, une réunion du personnel de la Maison Blanche, et toutes les mesures prônées par JFK. Johnson est un expert manœuvrier. Il connaît toutes les ficelles politiques. Là où Kennedy achoppait au Congrès sur la question des droits civiques, Johnson va faire merveille. Il va améliorer les aides publiques, proposer l'accès aux soins médicaux, aplatir les communistes au Vietnam. Il rêve de quoi ? De la « Grande Societé », son gimmick politique. Tous égaux, tous frères, tous Américains ? Il n'y croit pas lui-même. Johnson est un homme sans avenir : son ambition satisfaite, il n'a plus d'horizon.

À une heure du matin, une conférence de presse est improvisée à Dallas. Henry Wade, le district attorney, connu pour sa pugnacité, fait face aux journalistes, qui se bousculent dans une pagaille indescriptible. On lui demande si Lee Harvey Oswald a un avocat : « Non. » A-t-il l'air d'avoir tous ses esprits ? « Oui. » A-t-il agi seul ? « Pour le moment, oui. » Est-il membre d'une organisation communiste ? « Je ne peux pas le dire, pour l'instant. » Mais on a bien dit que l'accusé faisait partie du mouvement Free Cuba ?

Un petit homme avec un chapeau et des lunettes, du fond de la salle, est debout sur une table. Il intervient : « Non, c'est le Fair Play for Cuba Committee. » Tout le monde le regarde. C'est Jack Ruby. Que fait-il là ? Il s'intéresse, il veut faire partie de l'Histoire, il vibrionne, il cherche à être dans le coup, c'est son grand moment. Wade reprend. Pourquoi Oswald a-t-il tué le Président ? On ne sait pas. A-t-on des témoins ? Non. Finalement, la bonne question : « C'est un déséquilibré ou un pion ? » Wade soupèse ses mots : « Je dirais qu'il n'est pas déséquilibré. » Un complot, alors ? Une certitude s'installe : Oswald a tué JFK. Il avait les moyens, l'occasion, le motif, le profil. Chacun jongle avec les bribes d'information, et soupçonne des scénarios obscurs.

Il ne vient à l'idée de personne, pour l'instant, que J. D. Tippit était un dératiseur au service de Carlos

Marcello ou de Santo Trafficante. Et que le pigeon a déjoué le plan, en dégainant le premier. La Mafia a réussi à couper la tête du chien. C'est à ce prix que s'efface l'humiliation d'un homme d'honneur.

Dell'albero caduto tutti si fan legna. « Arbre tombé, approvisionnement pour tout le monde », dit-on en Sicile.

La nuit avance. Les croque-morts terminent leur travail. Le corps de JFK est ramené à la Maison Blanche. Lyndon Johnson, en arrivant, s'installe directement dans le Bureau ovale. Puis, réalisant sa grossièreté, se reprend et va dans son ancienne niche. Grand seigneur, il donne l'autorisation à Jackie de demeurer dans ses appartements tant qu'elle voudra.

À quatre heures du matin, le cercueil est placé dans l'East Room de la Maison Blanche, avec une garde d'honneur, sur un catafalque dressé en vitesse. C'est là que Lincoln a eu droit aux funérailles nationales. On allume des cierges. Jackie arrive, toujours vêtue de sang. Elle fait ouvrir le cercueil, demande des ciseaux, coupe une mèche de cheveux, regarde le visage de cire de son mari, et dit : « Ce n'est pas lui. » Puis elle va rejoindre ses enfants, qui dorment.

Quelques heures plus tôt, alors que la nounou lisait un conte à Caroline, la petite, voyant les larmes de miss Shaw, a demandé : « Pourquoi tu pleures ? » La nounou a expliqué. Caroline Kennedy s'est endormie. Miss Shaw est restée avec le livre sur les genoux, caressant la tête de la fillette de six ans.

Minuit

Robert Kennedy regarde son frère, dans la boîte en bois. Ses amis, dont Robert McNamara, le secrétaire à la Défense, et Charles Spalding, l'un des proches de JFK, s'en vont en silence. Robert Kennedy reste seul, dans cette salle froide dallée de marbre. Un prêtre passe pour lire le *De profundis* : « Des profondeurs, je crie vers toi, Yahvé, Seigneur, écoute mon appel. » Puis : « Mon âme attend le Seigneur plus que les veilleurs l'aurore. »

Bobby Kennedy se met à pleurer. Ses sanglots résonnent dans le froid de l'East Room.

Quelque part à Ybor City, Santo Trafficante regarde la côte entrecoupée de mangroves, l'océan tiède ponctué par des voiles blanches. Le ciel rouge a viré au noir, les réverbères de la promenade se sont allumés. Le vent du soir balaie l'humidité, la paix règne.

Dans les marais de Floride, Carlos Marcello écoute Connie Francis, qui chante *Who's Sorry Now ?*

La Mafia règne.

CHAPITRE 16

L'homme le plus haï du monde

Lyndon Johnson est content : il a retrouvé son chapeau. J. Edgar Hoover, en plus, lui a assuré que l'assassinat du Président est bien l'acte d'un homme déséquilibré – car communiste. La preuve de la folie d'Oswald, c'est qu'il a acheté un fusil pour 12,78 dollars. L'idée qu'une arme aussi bon marché puisse servir à tuer le président des États-Unis défie la raison, n'est-ce pas ? La bonne nouvelle, aussi, c'est que Wall Street a réagi favorablement : en quelques heures, la Bourse est montée de 32,03 points. Enfin, Robert Kennedy est visiblement hors service. Tout se présente donc bien. Même le procès de Bobby Baker, le fricoteur de Lyndon Johnson, a été stoppé. Il ne reprendra jamais.

Le Président téléphone au capitaine Fritz et demande quel est l'état d'esprit du détenu.

– Très arrogant.

– Stoppez l'enquête, ordonne Johnson. On a notre homme, d'ailleurs, le FBI le certifie.

Ce qui n'empêche pas Fritz de continuer son

interrogatoire, toute la journée du 23 novembre. Avez-vous regardé le défilé, hier ? « Non. » Avez-vous tiré sur le Président ? « Non. » Avez-vous visé le gouverneur ? « Je ne savais pas qu'on lui avait tiré dessus. » Quand Robert Oswald, toujours suivi de l'infatigable Marguerite, demande la date du procès, on lui répond qu'il aura lieu très vite, sans doute à la mi-janvier. L'accusation demandera la peine de mort. Le procureur Wade est questionné par les reporters :

– Dans combien de cas avez-vous demandé la peine capitale ?

– Vingt-trois.

Les journalistes notent.

– Combien de fois l'avez-vous obtenue ?

– Vingt-trois.

Au Texas, les jurés sont peu enclins au doute.

Quant à Marina Oswald, la police lui a rendu visite. Elle a montré le garage où son mari cache son fusil. Il est là, sous la couverture, regardez. Les flics vérifient : rien. Marina est stupéfaite et effondrée. Robert Oswald, finalement, est autorisé à voir son frère.

– Ils ont ton fusil, ils ont des témoins, ils t'ont inculpé. Lee, que se passe-t-il ?

– Je ne sais pas.

– Tu ne sais pas ?

– Ne crois pas les prétendues preuves.

Marguerite Oswald, elle, a réussi à se faire installer dans une suite, dans un hôtel. Mais elle veut un palace. Elle a trouvé un imprésario, qui a mis en place un tarif pour les interviews.

Le samedi 23 novembre s'est écoulé ainsi, en rapports, en coups de fil, en interrogatoires décevants. Malgré les certitudes de J. Edgar Hoover, l'enquête est difficile : si l'arme est bien liée à son possesseur – il y a une empreinte dessus –, en revanche rien ne prouve que le Mannlicher-Carcano a servi à l'assassinat : on n'a retrouvé aucune balle. L'enchaînement des indices est lacunaire. Et jamais les noms de Carlos Marcello ou de Santo Trafficante ne seront prononcés. C'est du cousu main.

Le dimanche 24 novembre, lui, a débuté avec les grandes orgues. Le cardinal Cushing a célébré une messe pontificale, à Boston, le médecin-chef de Bethesda a tenu une conférence de presse qui valide la théorie du FBI – un seul tireur, une balle fatale provenant de l'arrière – et Fritz s'obstine à tirer les vers du nez à son client.

– Êtes-vous communiste ?

– Non. Je suis marxiste, pas marxiste-léniniste.

– C'est quoi, la différence ?

– Trop long à expliquer.

C'est fastidieux, personne n'arrive à rien avec cet individu. Il faut maintenant le mettre en cellule, le transférer. Fritz fait commander un fourgon blindé, qui embarquera le coupable au sous-sol pour l'emmener à la prison du comté. C'est plus sûr. Il faut se prémunir contre les tentatives d'assassinat.

Car maintenant, Lee Harvey Oswald est l'homme le plus haï du monde.

Jack Ruby s'est levé agacé : Little Lynn Carlin, sa strip-teaseuse favorite, lui réclame de l'argent. Pas grand-chose, 25 dollars, mais c'est urgent. La petite blonde de vingt ans est mariée à un type douteux : il est officiellement représentant de produits pharmaceutiques, mais, officieusement, maquereau. Avec Lynn, il vit au jour le jour : elle se prostitue dans le garage de leur maison et, au Carousel Club, elle gagne 120 dollars par semaine. La fermeture momentanée de la boîte, décidée par Ruby en hommage à Kennedy, provoque un trou dans le budget des Carlin. Lynn a téléphoné et, vite, vite, elle veut des sous. Ruby n'est pas insensible à ces soucis : il se débrouille toujours pour faire plaisir à ses filles. Il les rabroue, tempête, mais, finalement, paie. Quand elles tombent sous la coupe de violents, il est le premier à tabasser les indélicats. Jadis, il a été boxeur, sous le nom de Sparkling Ruby – le Rubis Étincelant.

Il sort de chez lui en emmenant son chien bien-aimé, Sheba, et son Colt Bulldog. Dans la voiture, il entend les dernières nouvelles : une foule immense, inattendue, extraordinaire, se presse pour rendre un dernier hommage au Président disparu. Des milliers de visiteurs attendent de pouvoir passer devant le catafalque, à Washington. Jack Ruby est écrasé de chagrin, surtout pour Jackie – elle a tellement de *classe* ! – et pour les enfants. Il est au bord des larmes.

Il est onze heures du matin, et Ruby file vers le bureau de Western Union pour expédier l'argent de Little Lynn. Il a la recette du club dans le coffre de son Oldsmobile, qu'il déposera plus tard à la banque. Parvenu à destination, il aperçoit le fourgon blindé qui recule pour se faufiler dans le garage de l'hôtel de ville, de l'autre côté de la rue. Il y a des policiers partout.

Jackie Kennedy, accompagnée de ses deux enfants et de Robert Kennedy, se présente dans l'East Room. Elle a écrit une lettre à son mari, Caroline a aussi tracé quelques mots sur une feuille de papier – « Papa, je t'aime » – et le petit John John a griffonné des arabesques. Les trois lettres sont placées dans le cercueil, ainsi qu'une dent de morse sculptée. Robert Kennedy pose un rosaire. Jackie recule. Le cercueil est définitivement clos.

Le détective Jim Leavelle, coiffé du Stetson réglementaire, passe les menottes à Lee Harvey Oswald et attache le coupable à son propre poignet. Le policier est un enfant du pays : il est né à Red River, en territoire comanche, l'un des lieux mythiques du Texas, dans le Nord. Il est connu, à Dallas : Leavelle est l'un des survivants de Pearl Harbor, et raconte parfois ce « jour de honte et d'infamie ». Il plaisante avec le coupable : « Lee, si quelqu'un te tire dessus, j'espère qu'il sera aussi bon tireur que toi. » Sous-entendu : je n'ai pas envie de prendre une balle. Les deux hommes sont désormais jumelés par les menottes, indissociablement.

Dans les couloirs, les reporters se marchent dessus. Les caméras, les projecteurs, les flashs, tout contribue à l'atmosphère de foire. Leavelle et Oswald prennent l'ascenseur pour descendre au sous-sol. Tout le monde se précipite, en cavalcade effrénée, dans l'escalier. Oswald, qui n'a toujours pas d'avocat, a le temps de dire : « J'aimerais qu'on contacte un représentant de l'American Civil Liberties Union... » Il veut faire respecter ses droits civiques ? C'est comme s'il faisait un bras d'honneur à l'Amérique entière. Pour tous, c'est un cancrelat.

Puis les portes de l'ascenseur se ferment.

Le cercueil du Président est transporté par une garde militaire. Il est placé sur un affût de canon, encadré par six chevaux blancs, et la procession se dirige vers le Capitole. Derrière, il y a Sardar, le pur-sang favori de Jackie, un cheval d'une rare beauté. Trois cent mille personnes sont là, en silence, pour saluer la dépouille du Président. Les tambours, voilés de crêpe, résonnent tout au long de Pennsylvania Avenue. Puis le cercueil est placé sur un catafalque dans la rotonde du Capitole, sous la statue de Lincoln. La garde d'honneur prend position, les éloges funèbres commencent. Les visages sont tirés, les yeux gonflés, les chevaux calmes.

Même le vent, annoncé par la météo, est tombé.

Jack Ruby, curieux comme une pie, ne peut pas résister. Il se rapproche de la sortie de l'hôtel de ville. Le garde le reconnaît : c'est Jack, l'ami de tout le monde. Leavelle et

Oswald, juste à ce moment, sortent de l'ascenseur. Un reporter braque un micro sous le nez du coupable.

– Avez-vous quelque chose à dire pour votre défense ?

Le temps de répondre, un homme en chapeau se précipite, le bras tendu, le majeur glissé dans le pontet de son Colt Cobra. Un des flics présents reconnaît Ruby, transfiguré de haine, et lui crie :

– Jack, fils de pute, non !

Mais c'est trop tard. Oswald s'écroule, une balle dans le corps. Un capharnaüm insensé se déclenche. On cherche un docteur, on bloque les sorties, on tombe sur Ruby, on téléphone pour une ambulance, on cherche à obtenir les derniers mots de l'agonisant. Un policier se penche sur Oswald.

– Y a-t-il une dernière chose que vous voulez dire ?

– Non.

Oswald lève le poing, et fait le salut des révolutionnaires espagnols. Pour lui, c'est la lutte finale, en effet.

Ruby, surpris d'être arrêté, dit :

– Qu'est-ce que vous faites ? C'est moi, Jack Ruby ! J'ai épargné des ennuis à tout le monde ! J'espère que je l'ai tué, ce salaud !

Ruby pense qu'il a droit à des félicitations, en toute bonne foi. D'ailleurs, il a laissé Sheba, son toutou chéri, dans la voiture. Il faut qu'il aille s'en occuper. Il est tout étonné d'être menotté.

Quarante-huit heures après JFK, transporté au Parkland Hospital, Oswald est déclaré mort.

Lundi 25 novembre : temps clair, frais, venteux. Jackie Kennedy sort de la Maison Blanche, avec toute sa famille. Elle monte dans la limousine avec son beau-frère. Quand elle arrive à la rotonde du Capitole, les cloches de la cathédrale se mettent à sonner, lentement, interminablement. C'est un glas qui vibre et traverse toute la ville. Les Américains sont venus en foule. Un seul embouteillage s'étend sur la route qui va de New York à Washington. Le long du trajet de la procession, le silence est absolu. Il n'y a que le bruit des roues du caisson, et celui du pas des visiteurs. Ceux-ci sont venus du monde entier. Le général de Gaulle est au premier rang, en uniforme. Le jour de la mort de JFK, de Gaulle a eu soixante-treize ans. Il est né un 22 novembre. Dix gardes du corps l'entourent : à cause de sa taille, c'est l'homme le plus facile à tuer.

Robert Oswald, Marguerite et Marina ont été placés dans un meilleur hôtel. La vieille dame pense que c'est pour lui rendre hommage. Robert, lui, sait que c'est pour des raisons de sécurité. La haine qui s'est focalisée sur son frère, cette haine de tout un peuple, déborde sur ses proches. Ils sont pestiférés.

La preuve : le directeur de l'entreprise de pompes funèbres a téléphoné pour dire qu'il ne trouvait pas de prêtre pour assister à l'enterrement de Lee Harvey Oswald. C'est la première fois que cela arrive. Robert Oswald décide de se charger lui-même de cette recherche. Il décroche le téléphone. Et tombe de haut : chaque curé, chaque prêtre, chaque pasteur, chaque directeur spirituel, chaque berger refuse. Marina, près de Robert, regarde la procession funéraire du président Kennedy à la télé. Des curés, il y en a. Même l'archevêque, en grande tenue. Il a belle allure, entouré d'enfants de chœur. À Minsk, il n'y avait pas d'archevêques. Marina veut voir.

Au son des cornemuses irlandaises qui ont joué lors du voyage triomphal de JFK à Dublin, en juin dernier, Jackie s'avance, royale. Un voile noir cache en partie son visage, et flotte sur ses épaules. L'archevêque s'avance, lui murmure quelques mots de consolation, la prend par les épaules. Le geste n'est pas protocolaire, mais il serre la gorge des cent soixante-quinze millions de spectateurs américains qui, comme Marina Oswald, sont figés devant leur écran.

Les caméras font découvrir, alors, la ferveur populaire : un million de visiteurs, serrés, soudés par l'émotion. La mort de JFK rassemble, le peuple se sent fraternel. Cousettes et médecins, plombiers et serveuses, artistes et garagistes, fermiers et routiers, tous sont là, la tête nue, les mains jointes, les yeux mouillés. Plus de deux cents dignitaires, venus du monde entier, marchent : le roi Baudouin de Belgique ; la reine Frederika de Grèce ; le président de la République d'Irlande, Eamon De Valera ; le Premier ministre du Danemark, Jens Otto Krag ; le Premier ministre du Canada, Lester Pearson ; le chancelier allemand Ludwig Erhard ; le président Park Chung-hee de Corée ; le prince Philippe d'Angleterre ; Jean, grand-duc du Luxembourg ; Anastase Mikoyan, vice-Premier ministre de l'Union soviétique ; cinq dignitaires algériens, dont le futur président Bouteflika ; le chancelier autrichien Gorbach ; le frère du shah d'Iran, le prince Gholam Reza ; le président d'Israël, Zalman Shazar, et la ministre des Affaires étrangères, Golda Meir ; le Premier ministre du Japon, Hayato Ikeda ; le prince Moulay Abdallah, du Maroc, accompagné de neuf diplomates de haut rang ; Diosdado Macapagal, président des Philippines ; le prince Bertil de Suède ; le révérend Egidio Vagnozzi, légat apostolique du Vatican ; U Thant, secrétaire général des Nations unies ; Jean Rey, président de la Communauté économique européenne ; et un petit homme noir, à la poitrine barrée de médailles, Hailé Sélassié, rois des rois d'Éthiopie, seigneur des seigneurs, Lion conquérant de la tribu de Judah, Lumière du monde, Élu de Dieu, Défenseur de la foi, Chef de l'ordre ancien de Nyabinghi, Grand-Prêtre dans l'ordre de Melchisédech, Encens de la Vierge.

Quatre-vingt-douze nations sont représentées. Depuis les funérailles du roi Édouard VII en 1910, jamais on n'a vu pareil rassemblement. Pour le Secret Service, c'est un cauchemar.

L'Église catholique a dépêché des bataillons de prêtres, l'ONU est présente en force, et Lyndon Johnson, qui a hésité un moment à suivre la procession en voiture – pour se protéger d'un sniper éventuel –, se résout à marcher, avec Lady Bird, engoncée dans un chapeau rond. Dans la foule, il y a aussi un milliardaire grec, Aristote Onassis.

Jackie, en tête, avance d'un pas de reine. Dans le monde entier, à cet instant, elle devient la veuve en majesté, l'image de la souffrance la plus digne. Le cardinal Cushing dit :

– Puissent les anges t'accueillir, cher John, et te conduire en paradis. Puissent les martyrs te recevoir. Puisse l'esprit de Dieu t'envelopper, et puisses-tu, avec tous ceux qui ont fait le sacrifice suprême, reposer dans la paix éternelle. Amen.

Quand le ténor entonne l'*Ave Maria* de Schubert, Jackie baisse la tête. Sous le voile, elle pleure.

Dehors, elle a le front haut, à nouveau. Le visage de l'ex-Première Dame est imprimé, pour toujours, dans les esprits. Pour elle, le temps s'arrête. Pour tous, elle ne sera plus jamais que cette épouse de douleur.

Quand Robert Oswald, Marguerite et Marina arrivent au cimetière, il n'y a personne. Les journalistes qui ont suivi sont aussi décontenancés. Il n'y aura pas de cérémonie funéraire : l'entreprise de pompes funèbres a simplement supprimé cet intervalle – après tout, un meurtrier aussi haïssable n'a droit à rien, sinon aux flammes de l'enfer. Le cercueil, simple boîte de bois de sapin, est déjà posé près de la fosse. Il n'y a même pas de croque-mort. Le pasteur qui a donné son accord pour dire quelques mots ne viendra pas. Le corps de Lee Harvey Oswald est là, déjà oublié, rejeté, honni. Personne ne veut même le toucher. Six journalistes se dévouent pour le mettre en terre. Le cimetière de Rose Hill est vide. Il se situe à Fort Worth, où toute l'histoire a commencé.

On voit l'hôtel Texas, au loin.

« Je suis celui qui connaît la nuit... », répète l'évêque Hannan, dans la cathédrale Saint-Matthews. Les mots résonnent, comme ils résonnent dans tous les lieux publics, partout en Amérique. Dans les gares, les gens sont immobiles. Dans les aéroports, rien ne bouge. Dans les rues, les voitures sont garées. Jackie communie et, devant les écrans, les gens s'agenouillent avec elle. Chaque cinéma, chaque restaurant, chaque station de bus, tous les lieux publics sont transformés en chapelles. Des chandelles s'allument, des lèvres murmurent des prières silencieuses, des athées retrouvent la foi de leur enfance, des policiers se signent.

Le cardinal bénit le cercueil.

Un porte-avions, au loin, tire vingt et un coups de canon.

Deux pasteurs se présentent au cimetière de Rose Hill. Mais ils refusent de faire quoi que ce soit pour cette « âme perdue ». Robert Oswald se met à pleurer, de rage et de tristesse. Un autre pasteur, le révérend Louis Saunders, membre des Disciples du Christ, entend, à la radio, un reportage sur l'enterrement de Lee Harvey Oswald. Saunders a participé au débarquement de Normandie, et il comprend ce qui se passe : les deux pasteurs ont demandé que la cérémonie soit effectuée dans un endroit fermé. Or, elle ne peut avoir lieu qu'au bord de la fosse, en terrain découvert. Les pasteurs ont peur d'être dans la ligne de mire d'un sniper.

Saunders monte dans sa voiture, arrive. Il s'aperçoit, en chemin, qu'il a laissé sa Bible. Tant pis. De mémoire, il récite le Psaume 23 : « Le Seigneur est mon berger. » La famille déplie cinq vieilles chaises, écoute. Puis le cercueil est ouvert, et Marina embrasse la main de son mari. Elle lui glisse son alliance au doigt. C'est le geste qu'a eu Jackie à l'hôpital. Le pasteur Saunders prononce les derniers mots :

– Puisse le Seigneur avoir pitié de son âme éternelle.

Une pelleteuse mécanique s'avance déjà pour boucher le trou. Vingt minutes, et il ne reste plus rien.

Sur les marches de la cathédrale, alors que passe le cercueil de JFK, Jackie se penche vers John John, lui murmure quelque chose à l'oreille, se redresse.

Le petit garçon fait un salut militaire, d'une petite main hésitante.

Tous les hommes, autour, baissent la tête. Il n'y en a pas un, si dur soit-il, qui n'essuie ses larmes, à ce moment-là.

Il fait obscur. Dans le cimetière de Rose Hill, quelques curieux se faufilent pour prendre une pincée de terre. Deux couronnes de fleurs, l'une rouge, l'autre blanche, envoyées par une inconnue, signalent la tombe de Lee Harvey, une simple dalle marquée « Oswald », c'est tout.

À minuit, Robert Kennedy va voir Jackie. Il lui dit : « Allons voir notre ami. » Ils montent dans une voiture, se rendent au cimetière d'Arlington. Suivis de loin par les agents du Secret Service, ils s'approchent de la flamme qui, jour et nuit, brûle sur la tombe de JFK. Ils s'agenouillent et prient dans la nuit.

Après tout

Quelques jours plus tard, les tests à la paraffine effectués sur Lee Harvey Oswald reviennent du laboratoire du FBI. Ils révèlent la présence de plomb, de baryum et d'antimoine sur les mains du suspect. Mais il n'y a rien sur la joue.

Oswald a donc tiré avec une arme de poing.

Les tests sont vérifiés trois fois, avec des techniques de plus en plus fines, y compris par un balayage ionique. Mêmes résultats. Traces aux mains, rien sur le visage.

Lee Harvey Oswald a utilisé, avec certitude, un revolver.

Pas une arme longue.

Remerciements

Je remercie Lakdar Attar, Jean-Louis Courtois et Patrick Salotti, dont les avis techniques m'ont été précieux, et Alexandre Wickham pour sa confiance et son soutien.

Table

DU MÊME AUTEUR

La Manducation, 1981.

Blue Moon, 1993.

101 Nanars. Une anthologie du cinéma affligeant (mais hilarant), 1996.

Le Retour des 101 Nanars. Une nouvelle anthologie du cinéma navrant (mais désopilant), 1997. Avec une préface de Guy Bedos.

Rue des Rats (prix du Salon du Polar), 2005.

Howard Hughes, l'homme aux secrets, 2005.

Aristote Onassis, l'homme qui voulait tout, 2006.

Martin Luther King, le visionnaire (avec Lilas Desquiron), 2008.

Marilyn et JFK, 2008.

Stars by Studio Harcourt, 2011.

Un si beau monstre, 2012.

Composition : IGS-CP
Impression : CPI Firmin Didot en août 2013
Éditions Albin Michel
22, rue Huyghens, 75014 Paris
www.albin-michel.fr
ISBN : 978-2-226-24861-9
N° d'édition : 20332/01 – N° d'impression : 119068
Dépôt légal : septembre 2013
Imprimé en France